La rage au cœur

Ingrid Betancourt

La rage au cœur

avec la collaboration de Lionel Duroy

EDITIONS

Le texte de la couverture est extrait
de *Chant aux mères des miliciens morts*,
Résidence sur la terre, Pablo Neruda,
Éditions Gallimard, 1972.

Pour Mélanie et Lorenzo

Mer des Caraïbes

Maicao

Barranquilla

Carthagène
(Cartagena)

Golfe d'Urabá

PANAMA

Magdalena

Cúcuta

VENEZUELA

Cauca

OCÉAN PACIFIQUE

Medellin

BOGOTA

Cordillère des Andes

COLOMBIE

Buenaventura

Cali

Popayan

Tumaco

ÉQUATEUR

Colombie

PÉROU

BRÉSIL

0   400 km

Cartographie : Noël Meunier

1

Décembre 1996. Nous sommes à quelques jours des vacances, la saison parlementaire s'achève. Plus que d'habitude encore, je cours après le temps entre mon bureau où se succèdent les rendez-vous et l'hémicycle où je dois intervenir en séance. J'ai trente-cinq ans, je suis député depuis deux ans.

Vers quinze heures trente, en pleine audience, ma secrétaire entrebâille la porte.

— Quelqu'un demande à vous voir d'urgence, Ingrid. Un homme…

— Il a rendez-vous ?

— Non. Mais il insiste.

Le débat à la Chambre débute à seize heures. Je réfléchis trois secondes.

— Bon, dites-lui que je vais le recevoir aussitôt après cette personne, mais pas plus d'un quart d'heure, je suis désolée.

Il entre, élégant, la quarantaine, de taille moyenne, ni beau ni laid, si bien que plus tard je serai incapable de le décrire, de l'identifier.

— Asseyez-vous, je vous en prie.

— Merci. Nous vous suivons avec attention, doctora, nous avons la plus haute estime pour ce que vous faites…

Nous nous sourions. De l'autre côté du bureau qui nous sépare, je me tiens le buste tendu, accoudée ; j'imagine qu'il a une demande à formuler, comme la plupart de ceux qui veulent me voir.

— C'est d'ailleurs pourquoi je souhaitais vous rencontrer, doctora. Nous sommes très inquiets pour vous, la Colombie traverse une période de grande tension, de grande violence, il faut redoubler de prudence, faire très attention, très très attention…

Alors je le vois froncer les sourcils, s'assombrir, détourner le regard.

J'ai l'habitude de ce discours. La plupart des gens que je croise, qui me soutiennent, partagent cette obsession du danger, les femmes en particulier qui m'assurent invariablement, et très affectueusement, que je suis dans leurs prières pour qu'il ne m'arrive rien, que Dieu me protège. Dans ces moments-là, je tâche de convaincre mes interlocuteurs que ma sécurité n'a pas une faille, que je ne risque strictement rien, car je pense que le pouvoir joue de cette angoisse des Colombiens. Comment mieux anéantir l'espoir d'un peuple qu'en le persuadant que celui ou celle qui osera parler, dénoncer, sera irrémédiablement éliminé(e) ?

— Ne vous inquiétez pas, dis-je à cet homme, je suis parfaitement bien protégée, j'ai autour de moi un dispositif de sécurité discret mais efficace, vous n'avez rien à craindre. Cela dit, je vous remercie de l'intérêt que vous me portez, mais que puis-je faire pour vous?

De façon assez surprenante, il répète ce que j'avais pris pour une introduction courtoise, le regard un peu plus acéré.

— Je souhaitais beaucoup vous connaître, doctora, mais si je suis ici, c'est d'abord pour vous mettre en garde. Nous sommes extrêmement soucieux…

— C'est très gentil, je suis touchée, mais j'ai peu de temps, comme ma secrétaire a dû vous le dire.

Et, ostensiblement, je consulte ma montre.

— Vous n'avez pas compris, reprend-il sèchement, je suis en train de vous dire qu'il faut vraiment que vous fassiez attention.

Cette fois, il n'y a plus rien d'avenant sur son visage. Il s'est figé et me fixe durement. Je prends soudain conscience qu'il n'est pas l'homme que je pensais, qu'il n'est pas le citoyen désemparé quémandant un secours, l'admirateur transi que j'imaginais, mais un individu en mission qui a quelque chose de très concret à me transmettre. À mon tour, je change de ton.

— Quel est le message? demandé-je en riant légèrement. Vous voulez me faire passer un message, quel est-il? Êtes-vous en train de me menacer?

— Non, ce n'est pas une menace. Je ne suis pas là pour vous faire peur, je suis là pour vous avertir. Il faut que vous sachiez que vous êtes en danger, que votre famille est en danger. Je vous parle au nom de gens qui ont déjà pris un contrat sur vous. Ils vous conseillent de partir parce que la décision est arrêtée. Je veux dire, pour être tout à fait précis, doctora : nous avons déjà payé les *sicarios*.

J'ai pâli, sûrement. À cet instant, je sais qu'il ne ment pas. Le mot « sicarios » agit chez nous comme un révélateur. Les sicarios sont ces hommes à moto recrutés dans les banlieues les plus misérables et qui tuent chaque jour en Colombie contre des sommes dérisoires.

J'ai donc franchi un cap, une ligne rouge, cette fois le temps de l'intimidation est bel et bien fini. Six mois plus tôt, alors que je quittais le Parlement par une nuit glaciale de juillet, ma voiture et celle de mes gardes du corps ont été prises pour cibles par des tireurs. Personne n'a été touché, j'ai voulu croire que nous étions passés au mauvais moment, au mauvais endroit.

— En somme, ce que vous êtes en train de m'annoncer, dis-je en articulant clairement, mes yeux dans les siens, c'est que vous allez me tuer.

— Je viens vous dire de partir parce que les mesures ont été prises.

Et cet homme se lève, il me tend la main, me salue très courtoisement et s'éclipse.

Lui ai-je serré la main ? Lui ai-je même rendu son sourire ? C'est parfaitement possible. Je ne sais plus. Je suis maintenant seule dans mon bureau, abasourdie, vidée, le cœur battu. Quelques secondes s'écoulent avant que je retrouve ma vivacité d'esprit et la force d'appeler ma secrétaire.

— Marina, ce type, d'où venait-il ? Comment est-il entré ?

— Mais je ne sais pas. Il était là, dans mon bureau...

— Comment s'appelle-t-il ? Vous avez pris son nom au moins ?

— Non... J'étais persuadée qu'il vous connaissait, que c'était un de vos amis...

On ne pénètre pas dans le Parlement sans l'invitation d'un élu, sans présenter ses papiers, décliner son identité. Or lui est entré comme dans un moulin, parvenu jusqu'à moi sans qu'on lui pose une seule question.

Qui faut-il alerter ? La police ? Mais la police est à la solde du gouvernement et c'est ce même gouvernement qui veut me faire taire. Plus particulièrement le chef de l'État, Ernesto Samper, dont je suis la seule, depuis des mois, à dénoncer la corruption. D'ailleurs, mon visiteur est peut-être des services de sécurité, ce qui expliquerait qu'il ait pu traverser tout le Capitole sans être inquiété. Je sombre au fil des instants dans le plus noir des cauchemars. Je n'ai personne pour nous protéger. Ils vont peut-être nous tuer tout à l'heure, ce soir, cette nuit... Il a dit : «Votre famille est en danger.» Mélanie et Lorenzo, mes enfants, Juan Carlos, avec qui je vis. Qui appeler à l'aide ? Je n'ai personne, aucun recours, aucun moyen de les sauver, d'écarter la menace qui pèse sur eux. Quelque part dans Bogota, des hommes ont été payés, armés, et ces hommes peuvent nous fondre dessus d'un moment à l'autre.

Récupérer les enfants, vite ! Mélanie n'a que onze ans, Lorenzo sept. Loli, mon bébé... Ils vont au Lycée français, ce n'est pas un secret, n'importe qui peut le savoir en interrogeant mon concierge, nos voisins. N'importe qui. Mon chauffeur les dépose le matin et les reprend le soir, ou moi, quand je le peux. Je suis flanquée en permanence de gardes du corps, mais eux n'ont aucune protection. Oui, les récupérer, vite. Chaque heure, chaque minute qui passe est lourde d'un malheur indicible, inimaginable...

— Marina, je dois partir, c'est très urgent, faites au mieux, je vous appelle demain.

Je n'ai plus de souffle, je laisse tout en plan. Courir à travers les couloirs du Capitole qui n'en finissent plus, franchir les contrôles, les lourdes portes. Pourvu que... Oui, mon chauffeur est là, discrètement garé dans un angle de la place Bolivar.

Il m'a vue, il met en route. J'ai toute confiance en cet

homme, nous avons connu ensemble des moments d'effroi et c'est peut-être grâce à lui, à son habileté, à sa présence d'esprit, que nous avons échappé aux coups de feu six mois plus tôt.

— Les enfants, Alex. Fonce! Fonce! Je t'expliquerai plus tard. On les prend à l'école et on rentre à la maison.

Pauvre Alex! C'est l'heure où Bogota s'engorge, où les bureaux se vident, où les six millions de Bogotains prennent d'assaut ces bus effroyables, sans portes ni fenêtres et dont les moteurs crachent une fumée noire suffocante. Tout ce que notre classe politique indigne nous laisse, à la fin du millénaire, en guise de transports en commun. Bogota n'a ni métro ni tramway, mais de larges avenues défoncées, profondément trouées ici ou là et qui, à ce moment précis de l'après-midi, entrent dans des convulsions furieuses. Alex se débrouille, il ruse, bravant les klaxons, les insultes, et mon escorte suit.

Maintenant, prévenir Juan Carlos, qu'il nous rejoigne. Juan Carlos est à peine plus âgé que moi, mais il est solide, serein. Aux pires moments, durant l'année qui vient de s'écouler, il s'est trouvé constamment près de moi pour me conseiller, me protéger parfois, me réconforter.

— Juan Carlos? C'est moi. C'est très grave, Juan Carlos. Il faut qu'on se parle, vite. Tu peux venir?

— Tu es où?

— En voiture, je récupère les enfants et je rentre.

— Dans une demi-heure. Soyez prudents.

La circulation est plus fluide à présent. Le Lycée français, voisin de l'ambassade de France, est en plein quartier nord, le sanctuaire huppé de Bogota. Ici, les murs d'enceinte de résidences qu'on devine extrêmement luxueuses sont protégés par des batteries de caméras, voire par des gardes armés, sanglés dans des gilets pare-balles.

Loli enfin! Loli, tiré de sa classe, interloqué, les cheveux en bataille, le cartable mal bouclé, dégorgeant de livres et de cahiers.

— Mon Loli!...

— Ça va, maman?

— Mais oui, ça va! J'avais envie qu'on passe la soirée ensemble pour une fois, j'ai pu m'échapper.

Et puis Mélanie, mon portrait, plus lumineuse et plus soignée, sûrement.

— Ben, qu'est-ce que tu fais là, maman? Je croyais qu'on te voyait pas ce soir...

— J'ai changé d'avis. On va préparer les vacances. Embrasse-moi, ma Méla... Loli, donne-moi ton cartable.

Il me parle de Noël, d'une animation ou d'un spectacle qu'il monte avec sa classe, mais je n'écoute plus déjà. J'observe Alex ouvrir les portières, presser tendrement les enfants de monter, et mes yeux instinctivement balaient l'avenue. Seigneur, pourvu qu'aucune moto ne surgisse! Je me fiche des voitures, les sicarios ne se promènent pas en voiture.

— Tu fais très attention aux types à moto, Alex. D'accord? Ramène-nous vite maintenant.

Il rit. Pour la première fois, il rit.

— Quels types à moto? Don Juan Carlos roule à moto!

— Oui, c'est vrai, je suis idiote... Excuse-moi.

Juan Carlos ne se déplace qu'à moto, tous les motocyclistes ne sont donc pas des tueurs... Tous les motocyclistes ne sont pas des tueurs...

Les enfants goûtent dans la cuisine, nous les entendons rire. Dans la pièce à côté, je répète à Juan Carlos les mots de l'homme. Ils se sont très précisément gravés dans ma mémoire, au rythme, à l'intonation près. Ils ont pris avec le recul une portée terrifiante, figée, inoubliable.

— Il faut faire partir les enfants, Ingrid. Immédiatement.

— Oui.

— Appelle leur père en Nouvelle-Zélande et dis-lui qu'on les amène par le premier avion possible.

Oui. Juan Carlos dit tout haut ce que je sais déjà, ce que j'ai décidé tout au long de cet interminable trajet du Capitole au Lycée français. Et il ne devine pas à quel point cela m'aide de l'entendre énoncer ce qui représente pour moi l'horreur absolue : leur départ. Pour longtemps, je le sais. Pour des années peut-être. Comme si Juan Carlos, en légitimant d'emblée ce départ, me déchargeait d'une partie de la douleur. Il dit qu'il faut le faire, mais silencieusement, des yeux, il dit aussi qu'il sera là, avec moi, pour supporter ce fardeau inouï, leur absence, le vide, le gouffre au bord duquel il va falloir vivre désormais. Qu'il sera là.

Pas une seconde il ne suggère que je devrais plutôt renoncer au combat que je mène contre la corruption d'État. Pour le moment, une poignée de sable, guère plus, dans une machinerie aux rouages monstrueux, qui a eu raison des rares inconscients qui se sont dressés contre elle. Je pense à Luis Carlos Galán dont ma mère était très proche, candidat à la présidence de la République, assassiné à l'ouverture d'un meeting électoral en 1989. Il avait quarante-six ans, il est mort, ma mère à son chevet. J'ai tenu à reprendre le flambeau, oui, et les Colombiens m'ont entendue puisqu'en 1994 ils m'ont élue député, avec le meilleur score du Parti libéral, le parti de Galán. Pour eux, que notre classe politique méprise, spolie, génération après génération, j'irai jusqu'au bout, je ne lâcherai pas, quel que soit le prix à payer. Ce soir-là, je suis reconnaissante à Juan

Carlos de ne pas en douter, de ne pas remettre en cause cet engagement.

Le père de mes enfants est français, diplomate, alors en poste à Auckland (Nouvelle-Zélande). Nous nous sommes séparés en 1990, et la Colombie a beaucoup compté dans cette séparation. Mais une fois dissipés les effets du séisme, une amitié forte et particulière s'est construite entre nous et nous avons retrouvé intacte l'estime que nous nous portions.

— Il est arrivé quelque chose ? Ils ont été menacés ?

— Menacés, oui. Rien de plus. Ils vont bien, ils sont là, rassure-toi, mais je ne vis plus, tu sais, il faut qu'ils partent.

— Définitivement, tu veux dire ?

— En tout cas pour longtemps. Je ne peux pas tout t'expliquer, là, par téléphone. J'ai besoin de toi.

— D'accord. Arrivez par le premier avion… Ingrid ? Ça va aller ? Tu n'es pas toute seule ?

— Juan Carlos est là, il fait le voyage avec nous.

Bon, parler aux enfants maintenant, pendant que Juan Carlos nous cherche des places sur un vol international, peu importe la destination, d'abord quitter la Colombie. On se débrouillera après pour rejoindre Auckland, on se débrouillera…

— Mélanie, Loli, écoutez-moi, j'ai quelque chose d'important à vous dire. Nous allons passer Noël à Auckland…

— Chez papa ?

— Exactement, oui, chez Fabrice.

— Mais c'est génial !

— Oui, ma chérie, c'est génial. La seule chose c'est que nous devons partir plus vite que prévu.

— Avant la sortie des classes ?

— Demain matin en réalité.

— Mais c'est pas possible ! On a laissé toutes nos affaires…

— On préviendra l'école, Mélanie, ne t'inquiète pas.

— Alors, on part comme ça, sans dire au revoir, rien… Mais pourquoi ?

— C'est comme ça, ma chérie, je ne peux pas tout t'expliquer. On en parlera plus tard, si tu veux, d'accord ? Accepte la situation comme elle se présente, c'est un peu bousculé, je sais, mais c'est bien quand même, non ?

— Oui, oui…

— Et pour ton spectacle, Loli, ne t'en fais pas, j'appellerai… Bon, maintenant, on prépare les bagages.

Ça y est, nous avons quatre sièges pour Los Angeles, décollage demain matin. Juan Carlos et moi ne dormons pratiquement pas cette nuit-là. Nous n'éteignons pas, nous sommes attentifs à tous les bruits insolites. Ces gens-là tuent, je le sais. Durant cette année qui s'achève, tandis qu'était menée l'instruction contre le président de la République, Ernesto Samper, et que je me battais seule pour qu'elle aboutisse, pour rendre publiques les preuves de sa culpabilité, les témoins à charge ont été assassinés l'un après l'autre. J'ai conservé les journaux, les photos faites par la police de ces visages sombres et clos, définitivement clos. J'avais rencontré certains de ces témoins, je suis obsédée par leur mort. Pour eux aussi je veux témoigner, donc vivre. Pourtant, moi qui me trouve si forte d'habitude, je me sens fragile pendant ces longues heures, incroyablement vulnérable, parce que cette fois je ne suis plus la seule visée et que l'ombre épouvantable qui plane sur mes enfants anéantit mes ressources, me broie le cœur. Je m'en veux d'avoir choisi cet immeuble adossé à la montagne, au fond d'une rue en cul-de-sac. C'est un endroit idéal pour une embuscade, il n'existe aucune échappatoire. Il me revient à l'esprit qu'une jeune fille a été enlevée, ici même, quelque temps plus tôt, apparemment sans aucune difficulté. Et, pour comble de malchance, mon appartement est au dernier étage, donc accessible par le toit...

Auckland est un paradis en comparaison du noir chaos de Bogota. Longtemps possession britannique, la ville cultive le style cottage et gazon, à mi-chemin entre Oxford et Brighton, dans le Sussex, pour le côté port de plaisance. On a beau savoir que cela existe, on finit par ne plus y croire, rudoyés, bouleversés à chaque instant par la sourde guerre qui enfièvre la capitale colombienne depuis des décennies.

C'est le plein été dans l'hémisphère sud. Fabrice nous attend à l'aéroport, en chemisette, le teint hâlé. Son visage s'illumine, il tend les bras et les enfants courent vers lui. Il y a seulement vingt-quatre heures, nous sortions de chez nous camouflés au fond d'une voiture blindée, angoissés par les vingt minutes du trajet à parcourir jusqu'à l'aéroport, et la Nouvelle-Zélande était un rêve lointain. Juan Carlos et moi nous tenons en retrait pour leur laisser tout le temps. Voilà, c'est fini, les enfants ne risquent plus rien, ils sont sauvés. Nous sommes hébétés, ahuris de fatigue, d'émotion.

Fabrice a fait pour le mieux, il s'est installé chez des amis pour nous laisser sa villa, qu'on se remette à notre rythme, qu'on reprenne pied petit à petit dans la vie normale. La maison s'ouvre largement sur un jardin fleuri, elle est spacieuse, irréelle, d'ailleurs les premiers moments nous les passons à errer de pièce en pièce, avec l'envie de rire et de pleurer, incrédules, incapables de décider quoi que ce soit. Et puis nous cédons au sommeil.

Je n'ai pas prévenu mes parents de notre fuite pour ne pas les affoler. Ils habitent l'un et l'autre Bogota, mais séparément, depuis vingt ans. J'appelle ma mère. Je m'entends lui expliquer que je vais devoir vivre sans mes enfants, et elle, après un silence de quelques secondes :

— Tu ne sais pas, Ingrid ? Je vais venir passer Noël avec vous.

— Tu ferais ça ?

— Mais oui. Ça va être formidable, tu vas voir…

Nous devions fêter Noël à Bogota tous ensemble, eh bien tant pis pour Bogota, la fête aura lieu malgré tout. Ma mère a compris sans plus de mots, intelligente et généreuse comme elle l'a été sa vie durant.

À peine raccroché avec elle, je téléphone à mon père.

— Ce qui est dit est dit, ma chérie, nous passerons Noël ensemble : prépare-moi une chambre, je réserve un billet.

Pas une remarque, ni chez la première ni chez le second, à propos de mon engagement politique et du prix à payer, soudain exorbitant, pour continuer. Je sais qu'ils partagent ma souffrance, mais ils me soutiennent silencieusement, quel geste le prouverait mieux que ce long voyage ?

Les jours s'enchaînent. Nous menons une vie familiale qui nous était devenue complètement étrangère : repas sur le gazon, après-midi à la plage, soirées dans les étoiles, au vent tiède du Pacifique. Le soir, nous nous couchons sans fermer ni portes ni fenêtres. Cette absence de clés, de grilles, de caméras, de gardes du corps contribue au sentiment d'irréalité qui ne me quitte pas. Ça n'est pas ma vie, c'est une parenthèse, un sursis précieux de cinq ou six semaines, j'en ai une conscience aiguë, si aiguë qu'après quelques jours je ne parviens plus à m'endormir avant six heures du matin. L'angoisse est là, tapie sous l'apparente insouciance. Je m'adosse dans le lit et j'écoute le silence, incapable de me laisser aller. Une nuit, Juan Carlos me découvre assise, et nous nous mettons à parler. Jusqu'à la fin du séjour, il va comme cela me tenir compagnie et nous allons tout nous dire, sur nos espoirs, nos rêves, nos peurs, ne sombrant jamais dans le sommeil avant l'apparition des premières lueurs.

Cependant, je mets à profit ces semaines hors du temps, et c'est cela l'essentiel, pour construire en accéléré la vie future de mes enfants, avec l'attention d'une mère qui sait qu'elle va ne plus être là pendant des mois. Je rencontre tous les professeurs, j'achète les livres, les cahiers, les uniformes. Nous organisons ensemble leurs chambres, nous courons les boutiques ensemble pour les vêtements. Et puis je m'imprègne des lieux pour imaginer Mélanie et Loli allant et venant dans ce gros bourg cossu où aucun enfant ne dort dans la rue, où la police est là pour protéger les citoyens, où le mot « sicarios » n'a pas d'équivalent. Leur école, et c'est une image que je veux emporter, est une maison verte et charmante, au fond d'un parc. On se dit qu'il ne peut rien arriver de mauvais aux écoliers qui fréquentent cet éden bucolique.

Nous nous sommes dit au revoir. En les embrassant, à l'aéroport, je me suis vue soudain sous les traits de maman nous pressant contre elle une dernière fois, ma sœur et moi, avant de s'envoler pour un autre continent. Elle aussi, à un moment de sa vie, a dû s'éloigner, nous confier à la garde de notre père. Ce que vont désormais vivre Mélanie et Lorenzo, la découverte d'un autre monde, d'une autre culture, d'une autre langue, les souffrances de l'éloignement, les départs, les retours, ma sœur et moi l'avons vécu bien des années plus tôt. Et cela a beaucoup compté dans notre initiation au monde.

2

Mes premiers souvenirs remontent à Neuilly, en France. Mon père a loué une maison en lisière du bois de Boulogne et moi, je cherche des coccinelles dans le jardin. Nous sommes au début des années soixante, j'ai deux ans, trois ans. À l'école maternelle, je parle le français, à la maison j'entends toutes les langues du monde, selon les invités de mes parents. Et les invités sont nombreux ; mon père est alors directeur adjoint de l'Unesco.

Ma sœur aînée, Astrid, et moi sommes des enfants aimées, choyées, les enfants d'un couple raffiné que fréquente le Tout-Paris culturel et à qui la plupart des artistes étrangers de passage rendent visite. Mon père a largement dépassé la quarantaine, il a déjà été ministre de l'Éducation nationale en Colombie et on murmure alors, dans les Chancelleries, qu'il pourrait être un jour président de la République. Ma mère n'a que vingt-cinq ans, les Bogotains l'ont sacrée à plusieurs reprises reine de beauté avant ma naissance, mais elle est plus connue en Colombie pour son travail en faveur des enfants des rues. Forçant la porte du ministre de la Justice, grâce à la petite célébrité que lui confère sa beauté, elle est parvenue à se faire prêter une prison désaffectée en plein Bogota et elle a commencé à héberger dans ce bâtiment les enfants qui dormaient sous les ponts.

La ferveur qu'ils éprouvent l'un et l'autre pour l'enfance, pour la jeunesse, a beaucoup compté dans la rencontre de mes parents. Gabriel Betancourt est un ministre de l'Éducation passionné, et encore célibataire, lorsqu'il croise par hasard cette Yolanda Pulecio dont on parle beaucoup parce qu'elle a ouvert le premier *Albergue*, dans la fameuse prison, et qu'elle cherche maintenant d'autres lieux d'accueil. Le ministre, lui, vient alors de créer le premier système de crédit éducatif qui permet aux jeunes du monde entier de partir à l'étranger faire des études. Pendant que Yolanda Pulecio se dépense pour les plus déshérités, Gabriel Betancourt travaille à ce qui demeurera la grande œuvre de sa vie : l'accès de la jeunesse colombienne à la culture, à tout ce qui se crée et s'étudie au-delà de nos frontières.

Mes parents se marient à la fin des années cinquante, Astrid naît en 1960, et moi l'année suivante. Juste après ma naissance, nous partons quelques mois pour Washington. Mon père s'intègre à l'équipe constituée par le président Kennedy pour lancer l'Alliance pour le progrès en faveur du développement de l'Amérique latine. Il est nommé président de la commission d'Éducation. L'assassinat de Kennedy mettra un terme à cette initiative et mon père en gardera une immense tristesse. C'est aussitôt après qu'il est nommé à l'Unesco et que nous nous installons donc à Neuilly. J'ai le souvenir de parents extrêmement occupés mais sachant, à certains moments, s'abstraire du tourbillon pour nous installer sur leurs genoux, répondre à nos questions, nous lire une histoire. Mon père écoute, sourit, prend le temps d'expliquer, mais il ne joue pas : « Je suis bien trop vieux pour jouer, mais je peux te lire un livre. Choisis un livre. » Il est grand et fort, le front dégagé, les cheveux bruns, strictement plaqués. Il porte des lunettes à grosse monture d'écaille. Cependant, la sévérité de son visage s'estompe aussitôt qu'il sourit. Le sourire de papa !... Toute la bienveillance du monde sur nos têtes d'enfants. Ma mère veut bien jouer, elle. Elle est spontanée, sensible, active, Audrey Hepburn mâtinée de Sophia Loren. Il y a du soleil en maman, de l'appétit, de la chaleur à partager, elle ne peut pas cacher ses origines italiennes.

Pour suivre son mari, elle a dû laisser l'Albergue à l'équipe qu'elle a constituée à Bogota, mais elle profite de ces années à Paris pour étudier le système français d'assistance à l'enfance. Elle consulte énormément et la situation de mon père contribue à lui ouvrir les portes. La France doit faire face alors à l'arrivée massive des pieds-noirs, chassés d'Algérie par l'indépendance, et ma mère voit là une similitude avec l'affluence, à Bogota, de ces malheureuses familles paysannes chassées des campagnes par la misère, la violence, ou les deux à la fois. Ce sont les enfants de ces familles qu'elle recueille sur les trottoirs, à demi morts de faim. Comment se débrouille la France pour intégrer ses pieds-noirs en matière de logement, d'éducation, de création d'emplois, de subventions diverses ? Ma mère écoute, observe, prend des milliers de notes et échafaude des plans, en attendant son retour, pour faire de l'Albergue ce qu'il est aujourd'hui : l'organisation d'aide à l'enfance la plus connue de la capitale colombienne.

Ce retour à Bogota a lieu en 1966, l'année de mes cinq ans. Nous rentrons parce que le président de la République nouvellement élu, Carlos Lleras, souhaite confier le ministère de l'Éducation à mon père, qui devient donc ministre pour la seconde fois, avec le même portefeuille. Pour Astrid et moi, c'est la découverte de la Colombie dont nous n'avions aucun souvenir, et, comme nous parlons aussi bien le français que l'espagnol, on nous inscrit dans ce Lycée français que fréquenteront, vingt-cinq ans plus tard, nos enfants. Pour ma mère aussi, une nouvelle vie commence : à trente ans tout juste, elle entre en politique.

Elle choisit la fonction la mieux à même de l'aider pour les enfants et se retrouve adjointe au maire de Bogota, chargée des Affaires sociales. Elle est l'une des premières femmes à accéder à un poste à responsabilité à la tête de la capitale. Cela ajoute à son aura, mais les Colombiens se sont trop fait abuser par leurs politiciens pour être crédules. Ils attendent donc de voir si cette jeune bourgeoise, connue pour sa beauté et son grand cœur, ne va pas maintenant profiter du pouvoir pour s'enrichir, comme le font chez nous la plupart des politiciens, et oublier ses premiers élans. Or, très vite, ma mère est à l'origine d'une initiative importante : la création de l'Institut du bien-être social. Elle met dans ce projet tout ce qu'elle a appris en France, et pour la Colombie qui ne s'est jamais sérieusement préoccupée de ses déshérités, c'est une révolution. Une telle révolution d'ailleurs, que l'épouse du président Lleras, comprenant le parti qu'elle peut en tirer, s'arrange rapidement pour reprendre cette grande innovation à son compte. Maman s'en fiche. Au contraire de mon père, qui veillera à ce que son nom demeure attaché aux réformes qu'il a initiées, elle se laissera régulièrement dépouiller de ses idées, mais les Colombiens le sauront et, d'une certaine façon, ils ne l'en aimeront que plus.

En cette fin des années soixante, la renommée de Yolanda Pulecio s'accroît, son capital de confiance grandit au sein du peuple, en particulier chez les plus pauvres, et on peut imaginer qu'elle occupera assez vite des fonctions importantes au niveau national. Le chemin que suit mon père est plus complexe : après s'être approché tout près du sommet de l'État, il va brutalement tomber en disgrâce et cette chute minera sourdement le couple de mes parents jusqu'à provoquer leur séparation.

Ministre de l'Éducation jouissant d'une réputation d'intégrité exceptionnelle en Colombie, mon père est bientôt approché par un groupe d'entrepreneurs et de jeunes technocrates formés aux États-Unis, qui voient en lui l'homme pouvant faire sortir la Colombie de sa corruption ancestrale et lui ouvrir les portes des grandes démocraties. On lui demande d'être candidat à la présidence de la République. Il réfléchit, puis refuse. Il pense que ça n'est pas le moment. À son tour, ma mère le presse d'accepter. Elle croit au contraire que c'est exactement le moment, que le peuple colombien a un besoin urgent d'un homme tel que lui, qu'il n'a pas le droit de se dérober devant cette responsabilité, qu'il en va de la survie des plus délaissés et de l'avenir des enfants à naître.

Parallèlement à ce débat intime, mon père mène son ministère à sa façon : cassante, technique, refusant les compromis, les demi-mesures et plus généralement tout ce qui s'apparente à un renvoi d'ascenseur. Dans un pays où chaque ministre distribue à ses affidés les postes de son administration en échange des votes de toute la famille aux élections suivantes, il a posé comme condition à son entrée au gouvernement de choisir lui-même tous ses collaborateurs en fonction de leurs capacités techniques et non de leur poids électoral. Il a fermé sa porte aux solliciteurs de tout poil et, pire encore, imposé aux parlementaires qui souhaitent le rencontrer de motiver par écrit leur demande, technique imparable pour décourager les échanges de mauvais procédés. Tout cela a fini par déplaire et, à la fin de l'année 1968, cédant à une classe politique qui ne supporte plus ce ministre inflexible jusqu'à en paraître hautain, le président Lleras le remercie en le nommant... ambassadeur de Colombie à l'Unesco. Façon polie d'exiler un homme trop dérangeant.

En janvier 1969, nous repartons donc vers Paris. Mais cette fois, c'est un déchirement pour ma mère. Elle doit abandonner tout ce qu'elle a entrepris à la mairie de Bogota. Et pour quelle contrepartie ? Pour suivre un homme qui l'a profondément déçue en refusant de briguer la présidence de la République, même si elle ne le formule pas comme ça, même si elle mettra des années à le comprendre. Oui, mon père a renoncé à mener le grand combat dont elle rêvait et il est clair pour elle que ce poste prestigieux d'ambassadeur est une retraite dorée. Or ma mère n'a que trente-trois ans et la retraite lui fait d'autant plus horreur que les besoins de la Colombie sont immenses et qu'elle se sait de taille à en soulager quelques-uns, auprès des enfants notamment.

Nous nous retrouvons avenue Foch, dans un appartement de cinq cents mètres carrés, décoré avec raffinement : meubles signés du XVIIIᵉ, tableaux de maîtres — je me rappelle notamment le *Saint Jérôme* de Dürer qui nous faisait peur le soir —, bibelots de Chine, tapis, jardin suspendu. Mes parents ont une vie sociale folle, ils sont reçus dans tous les palais de la République (Georges Pompidou vient d'accéder à l'Élysée) et organisent une fois par semaine chez eux des soirées de deux ou trois cents personnes. Dans ce tourbillon, ils n'ont plus guère le temps de se préoccuper des petits détails de notre quotidien et ils ont embauché pour cela Anita, une nurse portugaise qui a connu toutes les convulsions du siècle puisqu'elle est née autour de l'année 1900. Je vais avoir avec cette vieille dame intelligente, et d'une tendresse infinie, mes premières conversations «philosophiques». «Tu ne dois pas oublier, Ingrid, me répète-t-elle souvent, que le monde n'est pas à l'image de celui que tu côtoies aujourd'hui. La réalité est douloureuse, la vie est difficile, et un jour peut-être elle le sera aussi pour toi. Tu dois le savoir et t'y préparer.» J'ai dix ans, en mémoire des images douloureuses et violentes de la Colombie, le souvenir très présent des enfants de Bogota sauvés par ma mère, je comprends donc ce qu'elle veut me dire et je l'aime pour cela, parce que c'est la preuve que je suis bien plus à ses yeux qu'une enfant privilégiée (ai-je dit que ma première communion m'avait été donnée par Paul VI lors de son voyage en Colombie en août 1968?). Parce que c'est la preuve qu'elle me prend au sérieux et croit en moi.

Et puis sous les combles de notre immeuble fastueux vivent M. Constantin et son petit chien, Pat. On embauche M. Constantin en extra à chaque réception et pour moi, qui adore les animaux, la venue de Pat est un cadeau. Bientôt, notre intérêt commun pour ce chien nous lie, M. Constantin et moi. Nous devenons amis et la vie de ce vieil aristocrate russe illustre parfaitement ce que me raconte Anita avec ses bons yeux de grand-mère. Autrefois puissant et considéré, M. Constantin a dû fuir la Russie après la victoire de la Révolution bolchevique, sa famille a été exterminée, toute sa famille, il a tout perdu et en est réduit à servir des petits-fours à des gens qui le traitent en valet. Pourtant sa culture est immense… J'aime profondément cet homme modeste et raffiné.

Astrid et moi sommes scolarisées à l'Institut de l'Assomption, rue de Lubeck, en plein 16e arrondissement, comme beaucoup de petits Français bien nés. Nous prenons le bus, le 82, qui passe en bas de chez nous et nous dépose devant l'école. Sauf quelques rares matins où le chauffeur du magnat de l'immobilier en Colombie, Fernando Mazuera, un ami de nos parents qui habite en face de chez nous, accepte de nous conduire... en Rolls Royce. Ces jours-là, nous sommes fières de nous montrer sous ce luxe momentané. Mais Anita veille, heureusement. Jamais nous ne serons tout à fait dupes des paillettes, de l'apparence.

Nos parents aussi veillent, car sous le faste qui les entoure pointe une réalité qui ne nous échappe pas. Ils reçoivent pour des dîners privés de nombreuses personnalités politiques colombiennes qui leur sont proches. Je me souviens en particulier de l'ex-président de la République, Carlos Lleras, pour qui mon père a conservé amitié et estime, bien que Lleras l'ait écarté du ministère de l'Éducation.

Je revois aussi Misael Pastrana, président de la République en exercice à cette époque, et père d'Andrés Pastrana qui sera élu à son tour à la magistrature suprême en 1998. Ou encore le peintre Botero (le père du futur ministre de la Défense, Fernando Botero, avec qui j'aurai de durs affrontements par la suite et qui finira en prison vingt-cinq ans plus tard...), Virgilio Barco, futur président de la République lui aussi, Miguel Ángel Asturias et beaucoup d'autres. Tous ces gens intelligents semblent terriblement soucieux pour l'avenir de la Colombie. Je reste un soir à les écouter et je suis si bouleversée par ce que j'entends que, une fois expédiée au lit, je me relève et vais me cacher sous le piano à queue, dans un coin du salon, pour suivre encore la conversation. Mon émotion, je le comprendrai plus tard, vient de ce que je prends au pied de la lettre des mots habituels chez les adultes. Ils disent que l'élection d'un certain Turbay (qui se produira quelques années plus tard) serait « une catastrophe » pour le pays, que telle ou telle décision économique entraînerait à coup sûr la Colombie dans « un naufrage sans précédent », et moi je vois mon pays sombrer, les gens mourir. Je retournerai souvent sous le piano et, parfois, je sortirai de là les tempes en feu, l'estomac noué, tout près de sangloter tant je trouve dur, véritablement affolant, ce qui attend notre pays. Aujourd'hui, je pense que ma vocation politique est née sous ce piano à queue, au début des années soixante-dix.

De tous ces invités, le seul avec qui je noue une relation d'une tendresse inouïe, c'est Pablo Neruda. Il vit alors plus à Paris qu'au Chili et notre porte lui est ouverte. D'ailleurs, il passe souvent sans s'être annoncé. Peu d'adultes savent trouver les mots justes pour partager une émotion avec un enfant. Lui le sait, il a cette grâce. Comme j'ai compris qu'il était poète, sans mesurer son immensité, et sans savoir bien sûr qu'il vient de recevoir le prix Nobel, je lui dis un jour :

— Tu sais, moi aussi j'écris des vers.

— C'est vrai ? Eh bien, échangeons, tu veux bien ? La prochaine fois, tu me réciteras une de tes poésies, et moi je te dirai une des miennes.

Ainsi, cela devient un rite entre nous, et aussitôt qu'il apparaît, je saute dans ses bras et nous échangeons le meilleur de notre œuvre. Moi, en tout cas. « *Ella es mi colega* », disait-il à mon père. J'ai conservé ce mot de lui : « Ingrid, je te laisse une fleur. Ton oncle : Pablo Neruda. » Il est mort à Santiago, en 1973.

Ma mère est au côté de son mari, maîtresse de maison resplendissante, attentive à chacun et au moindre détail, et cependant elle s'ennuie. Son cœur est à Bogota, ce qui se passe ici, à Paris, lui paraît bien léger, bien superficiel, au regard des nouvelles envoyées par ses équipes en Colombie qui, chaque jour, mesurent la détresse croissante des enfants. Bien souvent, elle se trahit car, au lieu de nous raconter sa soirée au Quai d'Orsay ou au théâtre, elle nous décrit avec mille détails comment là-bas ils ont sauvé un petit de cinq ans qui se nourrissait dans les poubelles d'un restaurant...

Est-ce parce que nous la sentons constamment dans l'attente du retour qu'Astrid et moi laissons déborder notre joie quand mon père nous annonce qu'on rentre? Sans doute. Nous venons de passer cinq années en France nous rentrons d'une année en pension à Sidmouth, dans le sud de l'Angleterre, où nous avons appris l'anglais, et, pour ménager la transition, nos parents optent pour un voyage en bateau plutôt qu'en avion. Nous embarquons à Gênes, pour une traversée qui va durer un mois. Et soudain papa, dont le temps était compté depuis si longtemps, est détendu, libre de toute obligation. Pour moi, c'est un vertige délicieux de l'avoir à ma disposition, reposé, attentif et bienveillant. Des heures durant, nous lisons ensemble — *L'Archipel du Goulag,* je m'en souviens — et surtout nous parlons, comme nous n'avons jamais encore parlé. De la France et de la Colombie, de tout ce qu'il reste à faire chez nous pour atteindre ce juste équilibre de démocratie, d'éthique, de respect d'autrui, et il me dit cette chose que je ne vais plus cesser de méditer : « Tu sais, Ingrid, la Colombie nous a beaucoup donné. C'est grâce à elle que tu as connu l'Europe, que tu as fréquenté les meilleures écoles et vécu dans un luxe culturel qu'aucun petit Colombien ne connaîtra jamais. Toutes ces possibilités dont tu bénéficies font qu'aujourd'hui tu as une dette envers la Colombie. Ne l'oublie pas. » Quinze années plus tard, je me répéterai ces mots quand je romprai brutalement avec ma vie dorée d'épouse et de mère à Los Angeles pour rentrer définitivement m'investir en Colombie.

Je suis dans ma treizième année et je ne me doute pas que nous vivons sur ce paquebot nos derniers moments de concorde familiale. Aussitôt débarqués, nos parents achètent une très belle maison qui surplombe Bogota et n'est qu'à dix minutes du Lycée français où nous allons bien sûr poursuivre nos études. Tout semble donc se présenter sous les meilleurs auspices. Pourtant, secrètement, nos parents s'éloignent l'un de l'autre. Papa est très sollicité et il voyage sans arrêt, pour l'Unesco, pour intervenir dans telle ou telle conférence internationale, passionné depuis toujours par les échanges culturels, mais maman cette fois ne le suit plus. Elle ne veut plus être son accompagnatrice, souriante et dévouée, elle veut vivre par elle-même, relancer son œuvre sociale à Bogota. Elle juge probablement qu'elle a déjà trop sacrifié à cette vie de diplomate si loin de la réalité, de la misère, et mon père ne l'entend pas, ne comprend pas, continuellement entre deux avions.

Un jour, maman s'en va, et il faut ce départ pour que papa mesure combien il tient à elle. Dit-elle qu'elle s'en va définitivement ? Non, on saura plus tard qu'elle souhaitait avant tout être seule pour réfléchir. Mais pour lui c'est un coup fulgurant auquel il décide de répliquer par un coup plus violent encore, sans doute pour ne pas s'effondrer.

C'est un samedi matin. Astrid et moi sommes avec lui, nous avons alors respectivement quinze et quatorze ans.

— Je vais travailler à la maison aujourd'hui, nous dit-il, je vous dépose au club de plein air et je repasserai vous prendre en fin d'après-midi.

On le sent fermé, tendu. Il s'en va, et nous passons une journée morose. Qu'arrive-t-il à nos parents ? Longtemps, leur bonheur nous avait paru évident, contagieux, lumineux, et brusquement ils semblent l'un et l'autre autistes.

Vers dix-huit heures, il revient nous prendre. Il est très pâle, il a l'air épuisé.

— Astrid et Ingrid, écoutez-moi. Voilà, je viens de vendre la maison, votre mère est partie, cette vie n'avait plus lieu d'être. Vous allez habiter provisoirement chez vos grands-parents.

— Tu as vendu la maison ? Dans la journée ? Mais c'est impossible, papa ! Tu n'as pas fait ça !

— Si, j'ai tout vendu. Tout.

— Tu es fou, papa... Tu ne parles pas sérieusement, tu ne peux pas avoir vendu tout ce qu'il y avait dans la maison en un après-midi... Et mes chiens ? Tu n'as pas vendu mes chiens ?

— Non, il ne reste que tes chiens, nous allons les chercher tout de suite.

Il nous précède, il ouvre la porte d'entrée, et c'est un choc. Aucun mot ne me vient pour traduire la désolation silencieuse de ces pièces vides où, le matin encore, et malgré l'éclipse de maman, nous pouvions croire à l'éternité de la vie familiale. Seules les empreintes qu'ont laissées les tableaux sur les murs, ici et là, témoignent que nous avons vécu dans cette maison. Notre père a effectivement tout liquidé, tout a disparu, non seulement les meubles que nous avions rapportés de France, mais nos lits d'enfants, nos livres, nos bibelots, et tout ce qui contribue à façonner la mémoire, à lutter contre le temps : les souvenirs, les photos... C'est une mise à mort de notre existence passée, une façon radicale de la nier, d'effacer maman et les liens qui nous unissent tous les quatre. Astrid et moi le ressentons comme un désastre absolu, irréparable. Il y aura désormais notre vie d'avant l'anéantissement de la maison familiale, et notre vie d'après. Jamais nous ne nous remettrons de cet acte dévastateur, et jamais nous ne parviendrons à l'évoquer sans que la douleur ne réapparaisse de plein fouet.

Si ma mère songeait encore à reprendre la vie commune, il n'en est désormais plus question. En détruisant tout, mon père a précipité son propre malheur et engagé une guerre qui allait durer dix ans et nous bouleverser tous profondément.

La procédure de divorce est très vite lancée et papa donne le ton des hostilités en réclamant notre garde et en nous interdisant de voir maman — interdiction que naturellement nous ne respectons pas. D'autant plus que pour maman ce divorce tourne au cauchemar. Mes parents sont trop connus pour que la presse taise l'événement, et puis dans la bonne société de Bogota on ne divorce pas, dans les années soixante-dix, ça ne se fait pas. Les journaux glorifient mon père, ancien ministre, ancien ambassadeur, et lapident sa femme « qui abandonne un homme à qui elle doit tout », écrivent-ils à l'envi. Ma mère est la « scandaleuse », toutes celles qui jalousaient sa beauté en profitent pour stigmatiser sa frivolité, son orgueil, son égoïsme, tous sentiments qui lui sont étrangers. Elle qui se séparait de son mari pour reprendre une place active dans la société se retrouve mise au ban de cette même société. Montrée du doigt, diffamée, condamnée. Le comble de la cruauté est atteint lorsque la justice lui retire effectivement notre garde, à elle qui, pour tous les gens de Bogota, est la mère des enfants déshérités, celle qui a fondé l'Albergue.

Astrid et moi sommes choquées, pour ne pas dire révoltées, par la décision du tribunal. Malgré tout l'amour que nous portons à notre père, nous devons convenir qu'il a été bien pris durant notre enfance, tandis que ma mère était constamment présente. La priver de nous est donc injuste et dégoûtant. Je ne vais pas manquer de le dire à papa, ce qui va me valoir ma première gifle.

— Ingrid, me dit-il un jour, je te rappelle que tu n'as pas le droit de voir ta mère, elle ne peut avoir qu'une influence déplorable sur toi. D'ailleurs, regarde ce qu'écrit le journal à son propos. Je n'invente rien...

— Je n'ai rien à foutre de ce qu'écrit le journal ou de ce que tu peux penser d'elle !

Et vlan ! Pauvre papa !

C'est une période terrible pour Astrid et moi, noire, sans espoir. Notre père, si solide dans la vie, nous donne maintenant de lui l'image d'un homme blessé, amer, ombrageux. Il faut beaucoup l'aimer, comprendre l'étendue de sa souffrance pour lui pardonner. Notre mère, de son côté, souffre infiniment aussi, mais silencieusement, et c'est encore pire. Pour nous voir malgré l'interdiction, elle a loué un petit appartement dont une fenêtre donne sur la cour du Lycée français et, à chaque récréation, je viens me placer dans le bon angle et nous nous adressons des baisers, des signes de tendresse. Et puis certains soirs, comme papa lui aussi s'est installé tout près du Lycée français, nous attendons qu'il s'absente pour courir en chemise de nuit jusqu'à l'immeuble de maman...

Alors elle va m'épater, me donner la plus belle leçon de courage qui soit. Traquée par la presse, vilipendée par toute la bourgeoisie, privée de son autorité maternelle, elle ose briguer le renouvellement de son mandat au conseil municipal. Et sans un sou, sans personne pour la soutenir, elle entre en campagne. Seule. Avec ce slogan en forme de pied de nez à ceux qui l'accusent d'être une mère indigne : «Laissez-moi travailler pour vos enfants.» Elle est magnifique ! Émue et enthousiasmée, je me mets à son service durant tout le temps libre que me laisse l'école. Je colle ses affiches, je distribue ses tracts, je l'accompagne dans les réunions publiques. C'est pour elle un combat mené la rage au cœur, le combat d'une femme qui veut d'abord se prouver à elle-même qu'elle n'est pas ce que les gens prétendent, qu'elle est tout l'opposé. Dans les quartiers riches du nord, ses anciens amis, ceux qu'elle recevait à Paris notamment, lui ferment leurs portes, mais dans les quartiers sud où survivent les familles dont elle aide les enfants, on lui réserve un accueil incroyablement chaleureux. Elle a dû vendre ses bijoux, elle n'a plus rien, et je revois encore un soir deux des enfants qu'elle avait recueillis, devenus des hommes à présent, entrer chez elle, les bras chargés de victuailles : « Pour remplir ton frigo, maman Yolanda ». Et Yolanda rit pour ne pas pleurer.

Trois mois plus tard, elle est élue. Avec les voix du sud. Je me dis pour la première fois ce jour-là qu'au bout de tout combat il y a donc une justice, et qu'on ne se bat jamais en vain.

Cependant, elle ne va pas tenir longtemps au conseil municipal de Bogota. Les gens lui tournent le dos, lui rappellent sans cesse qu'elle est une femme divorcée, à leurs yeux indigne, et je la vois s'effondrer au fil des mois, perdre courage. Je me souviens de mes colères d'adolescente pour lui remonter le moral : « Mais maman tu n'en as rien à foutre de ces salauds ! Tant mieux si on parle de toi, c'est bien la preuve que tu les déranges, tous. Ils sont jaloux, ils voudraient te voir anéantie, ils ne supportent pas que tu continues à te battre. Moi je t'admire, maman, et c'est ça qui doit compter. » Ça ne suffit pas, non, et l'année de mes seize ans ma mère accueille avec soulagement la proposition qui lui est faite de repartir pour Paris travailler à l'ambassade de Colombie. Elle boucle ses valises et quitte son pays. Elle n'y reviendra qu'une dizaine d'années plus tard.

Pour moi, son départ est un déchirement supplémentaire. Arrivant de l'Assomption, école parisienne ô combien rangée, j'ai eu du mal à me réadapter aux mœurs brutales du Lycée français de Bogota. Les premières semaines, j'ai même passé l'essentiel des récréations enfermée dans les toilettes pour échapper à la violence de mes camarades. Puis, je me suis endurcie, et l'impitoyable guerre que se sont livrée mes parents, relayée par la presse, si bien que tout le lycée était au courant, a fait de moi une adolescente rebelle, combative, et plus obstinée sans doute que la moyenne. Papa, chez qui j'habite, en fait les frais. Nos rapports sont tendus, conflictuels. « Tu vois, me dit-il dans les rares moments où nous parvenons à rire de nous-mêmes, tous les cheveux blancs que j'ai, c'est à cause de toi. »

Astrid, qui a eu dix-huit ans et n'est donc plus soumise au droit de garde, est partie vivre en France avec notre mère. Moi, je réclame simplement le droit d'aller passer un mois d'été auprès d'elle et papa fait la sourde oreille.

Un jour, j'entre en coup de vent dans son bureau.

— Papa, avec ou sans ton consentement, je vais aller voir maman. C'est comme ça. Alors, tu me prends un billet d'avion, s'il te plaît.

Il lève la tête, marque un silence. Puis froidement :

— Tu auras ton billet, Ingrid. Mais tu n'auras pas mon accord. Si tu veux vraiment partir, il te faudra l'autorisation du juge qui m'a attribué ta garde.

— Très bien. Le nom et l'adresse du juge, je vais le voir immédiatement.

Il accuse le coup, se lève, cherche dans ses papiers et me donne ce que je lui réclame.

Ce juge siège au sud de la ville, il faut donc traverser tout Bogota et papa, bien sûr, ne va pas s'abaisser à proposer de m'y conduire. Il m'observe me préparer sans un mot, et rien ne trahit son inquiétude — chez nous, pourtant, une jeune fille ne s'aventure pas seule si loin et dans ces quartiers dangereux.

Je prends le bus, je me perds, et bien sûr dans une bousculade on me vole le peu d'argent que j'ai sur moi. Enfin, je parviens à la bonne adresse ; un immeuble lugubre aux couloirs
pisseux, et partout des gens qui patientent, des files de gens
affalés, défaits. Je cherche mon juge, on m'indique son bureau,
au fond d'un corridor sombre où je m'assieds parmi d'autres.
Ici, tout est sale et décourageant. Enfin, il me reçoit. C'est un
homme chauve, l'air plutôt gentil, malgré la fatigue, ou la las-
situde, dont témoigne son regard. Et moi, je suis remontée
comme une pendule.

— C'est tout de même invraisemblable, je lui lance, que
la justice colombienne contraigne une adolescente à traverser tout Bogota en prenant le risque de se faire agresser, tout
ça pour obtenir la permission d'aller embrasser sa mère. Non
mais est-ce que vous vous rendez compte dans quelle société
nous vivons ? Et vous qui êtes juge, vous cautionnez cette
merde ! Vous êtes d'accord, vous trouvez absolument normal que je me tape deux heures de bus pour venir ici vous
implorer...

Il me laisse vider mon sac, traîner tout le pays dans la boue,
et lui avec, et puis, quand enfin je me tais :

— Bon, qu'est-ce que vous voulez, mademoiselle ? Un
papier signé de ma main pour que vous puissiez partir embrasser votre mère ? Très bien, je vous signe tout de suite ce papier.
Tenez, vous le montrerez à votre papa. Vous voyez, ça n'est
pas si compliqué. En tout cas, ça ne vaut pas la peine de vous
mettre dans cet état.

Je remets la lettre à mon père. Il rit, il trouve cela très drôle,
et là je comprends qu'il a bluffé, je n'avais aucun besoin d'aller
solliciter ce juge.

— Tout est en ordre, ma chérie. Quand pars-tu ?

Ce retour en France, au milieu de l'été, je suis si heureuse ! Je n'ai pas prévenu maman. Je prends un taxi à Roissy et me fais conduire directement à l'ambassade de Colombie.

— Madame Yolanda Pulecio, s'il vous plaît ?

— Vous aviez rendez-vous ?

— Je suis sa fille.

— Oh pardon, mademoiselle. Oui, allez-y, troisième bureau à gauche...

C'est ouvert, la pièce est vide. J'entre et je me cache derrière la porte restée béante.

Ma mère surgit. Je la vois traverser vivement son bureau, une pile de dossiers sous le bras.

Alors je ferme brutalement la porte. Elle se retourne, me voit, et fond en larmes.

— Maman...

Elle habite boulevard Saint-Germain, dans un appartement convenable. Mais ça n'est plus l'avenue Foch. Elle travaille, elle n'est plus la femme de l'ambassadeur. Mais elle est profondément épanouie. Des gens qui passaient avenue Foch, demeure un cercle restreint d'amis fidèles parmi lesquels García Márquez, le prix Nobel colombien, et sa femme Mercedes que maman chérit particulièrement, ainsi que le peintre Fernando Botero. Je ne vais pas la quitter d'une semelle durant ce mois à Paris, nous nous câlinons, nous rattrapons le temps perdu, je compte les jours, c'est si peu un mois au regard de la longue année de séparation qui nous attend. J'entre en terminale.

La femme que je suis aujourd'hui va naître durant cette année de préparation du baccalauréat, à Bogota. La plus belle de ma vie jusqu'à présent, une année d'inépuisables découvertes, intellectuelles, sensuelles, et d'apprentissage de la liberté. Je m'initie à la philosophie et ma passion pour la littérature s'en trouve confortée. Je monte *Le Malentendu* d'Albert Camus avec le soutien de la direction du lycée et le théâtre me séduit. J'apprends les nuits blanches, les discussions à n'en plus finir autour d'une bouteille de vin dans l'arrière-salle d'un bar enfumé, moi si raisonnable depuis des années... Et je connais mon premier amour.

Durant cette année si mouvementée, si bouleversante, je refuse de tricher, de me mentir, je décide que la liberté de dérailler, notamment, va de pair avec la nécessité d'assumer tous ses actes, quels qu'ils soient. J'établis donc une relation absolue avec la vérité, en particulier à l'égard de mon père à qui je dis tout. Je lui raconte ma vie, mes nuits blanches, mes retours à l'aube pour préparer dans la fièvre l'examen prévu deux heures plus tard, et aussi mes émerveillements devant les émotions du cœur, de l'amour. Tout ce qui est grave et inter-dit, je l'ai fait cette année-là et je n'ai rien caché à papa. Je sais que c'est très dur à entendre pour lui, d'autant plus dur qu'il a près de soixante ans, qu'il est vraiment d'une autre généra-tion, mais je veux le forcer à me suivre, je veux à tout prix maintenir ce contact, et tant pis pour ses cheveux blancs.

Quand il apprend par ma bouche que j'ai fait l'amour avec un garçon de mon âge, c'est un coup terrible pour lui. Je le vois blêmir, se défaire. Il est à ses yeux impensable qu'une jeune fille de dix-sept ans, sans être mariée... et cependant, moi, j'exige qu'il m'écoute, qu'il me dise ce qu'il en pense, et même qu'il me conseille, pourquoi pas? J'ai assumé la vie de mes parents, le séisme de leur couple, je veux qu'à son tour il assume ce qui m'arrive. Mais il n'y parvient pas immédiate-ment, et il se claquemure dans un silence effrayant. Durant des semaines, il ne m'adresse plus la parole. Nous partageons nos repas sans échanger un mot ni un regard. Je me dis : s'il veut se punir, qu'il se punisse. Il ne veut pas me parler? Eh bien, moi je ne lui parle pas non plus!...

Arrive un jour où la sœur de mon petit copain m'annonce qu'elle va se marier et m'invite officiellement à la réception. Mais je n'ai pas une robe élégante, je n'ai rien à me mettre. J'écris donc un petit mot à mon père, puisqu'on ne communique plus que par messages : « Papa, on m'invite au mariage de la sœur de Mauricio M. Ma garde-robe est vide. Ingrid. » Il lit le papier, et je le vois soudain s'illuminer.

— Eh bien, allons acheter une robe ensemble, ma chérie.

Il revit, et moi aussi. Le long chemin jusqu'à moi, il l'a parcouru seul, dans le silence, et nous revoilà ensemble, complices. Il me fait essayer une robe, puis une autre, puis une autre encore. Jamais avec maman il ne s'était offert le plaisir d'habiller une femme aimée, il le découvre là et ses yeux débordent de tendresse.

— Laquelle préfères-tu ?

— J'hésite... J'aime celle-ci parce qu'elle est noire et que le noir me va bien. La blanche aussi est marrante, mais la robe longue est plus élégante pour un mariage. Tu ne trouves pas ?

— Si. Tu ne sais pas ? On va les prendre toutes les trois !

Papa m'a rejointe, enfin ! Je peux lui parler de Mauricio. Il m'écoute avec l'intelligence et la bienveillance qui lui sont coutumières. Or bientôt Mauricio M. me demande en mariage, durant cette année de terminale encore. Nous sommes deux enfants, j'en ai bien conscience, mais j'ai aussi le sentiment de l'aimer. Au point de me marier avec lui ? Je ne sais pas. D'un autre côté, je pense que la nouvelle va combler mon père ; si Mauricio me demande en mariage, c'est qu'il m'aime sincèrement, profondément, et puisque papa estime que l'amour ne peut, et ne doit, s'épanouir qu'au sein du mariage...

Il m'écoute, et il est formidable, mieux que tout ce que j'avais pu imaginer. Infiniment respectueux. Libérateur.

— Tu sais, Ingrid, cette décision, c'est à toi de la prendre.

Toute seule. Si tu veux te marier avec ce garçon, marie-toi. Mais si tu ne le veux pas, ne te marie pas. Je ne dois compter pour rien dans ton choix. Si tu dis oui, c'est toi qui vas vivre avec cet homme, toi seule. Pense bien à ce que tu veux faire de ta vie, et prends ta décision. Mais sache que ce que tu décideras, dans un sens ou dans un autre, sera bien pour moi.

Ce jour-là, mon père m'a donné des ailes. Quelques semaines plus tard, j'ai rompu avec Mauricio et fait mes valises pour la France.

3

Cette année 1980, je suis majeure. Bachelière. J'habite Paris et je prépare le concours d'admission à Sciences-Po.

Je me suis rapprochée de ma mère qui travaille encore à l'ambassade, et donc éloignée de mon père qui vit désormais seul à Bogota. Éloignée géographiquement seulement car les années difficiles de l'adolescence m'ont énormément attachée à lui. Papa a surmonté la souffrance de son divorce et il met toute sa capacité d'écoute, tout son amour, au service de mon avenir.

Nous avons longuement discuté de ma décision d'entrer à Sciences-Po. Mon père est ambivalent sur la politique. Il considère qu'il n'y a rien de plus noble que de servir son pays, comme il l'a fait lui-même à la tête du ministère de l'Éducation, mais il a le plus profond mépris pour les politiciens professionnels qui font carrière aux frais de l'État, et naturellement pour la classe politique colombienne qui pille les finances publiques. Lui me voyait philosophe, loin de la mêlée, il ne peut pas envisager que je fasse un jour partie de cette oligarchie corrompue qu'il refusait de côtoyer quand il était ministre. À vrai dire, je n'y pense pas non plus. Pas une seconde je n'imagine à ce moment-là que je serai élue, quinze ans plus tard, député, puis sénateur, sur des programmes au demeurant entièrement consacrés à la lutte contre la corruption... Non, mais j'ai en mémoire les émotions intenses qui me traversaient lorsque, cachée sous le piano avenue Foch, j'écoutais quelques-uns des hommes politiques colombiens les plus en vue décrire les risques que courait notre pays si telle ou telle décision n'était pas prise à temps... Le désir de peser sur ces décisions, de contribuer au destin du pays est sûrement là, déjà, enfoui quelque part dans mon inconscient, mais je n'ai pas les mots pour le traduire et je cherche comment convaincre mon père que Sciences-Po convient exactement à mes aspirations profondes. Et soudain je me rappelle nos matinées au lit, avenue Foch, le dimanche. Papa dépouillait la presse colombienne, qui lui arrivait par colis une fois par semaine, et moi, serrée entre maman et lui, je dévorais les titres. Si je le sentais soucieux ou si, au contraire, il riait d'une caricature, j'exigeais qu'il m'explique. Cela l'agaçait, parfois, mais il prenait sur lui.

— Tu te souviens comme j'aimais lire le journal avec toi, petite?

— Naturellement, je me souviens, ça amusait beaucoup ta mère...

— J'étais passionnée par l'actualité déjà, eh bien c'est encore ça pour moi, Sciences-Po. J'aime la philosophie, mais je veux vivre dans le présent, l'action.

En attendant, je passe des heures à la bibliothèque. Bien loin du mouvement. J'ai une soif insatiable de connaissance, je veux comprendre comment fonctionnent les institutions, comment se conjuguent l'exécutif et le législatif, et derrière tout cela, sûrement, dénicher les perversités, imaginer les garde-fous. Pourquoi certaines démocraties, telles que la France, parviennent-elles à se préserver correctement de la corruption, tandis que d'autres, telles que la Colombie, y sombrent corps et âme ? J'aime la bibliothèque de Sciences-Po, le respect qu'on y cultive pour la réflexion, pour le silence.

D'ailleurs, mon désir de m'immerger dans les études est si fort, à ce moment-là, que je décide de vivre seule plutôt qu'auprès de maman. Et une fois de plus mon père vient à mon secours. « Trouve-toi un appartement, Ingrid, et ne t'occupe pas du reste. Je suis là. »

C'est dans cette retraite solitaire et dorée qu'un jour, au restaurant, je suis abordée par un enfant de quatre ans. C'est un petit ange qui me regarde, il est adorable, nous échangeons quelques mots, mais quand instinctivement je cherche des yeux sa mère à une table voisine, c'est le sourire d'un homme que je rencontre. Il est seul avec son petit garçon, il peut avoir trente ans. Nous sympathisons. La maman de l'enfant est en voyage ? Non, il est divorcé. À ce propos, il cherche une baby-sitter. Ça tombe bien, j'ai besoin d'argent. Nous rions.

Fabrice et Sébastien viennent d'entrer dans ma vie. Fabrice travaille depuis peu au ministère des Affaires étrangères, comme attaché commercial. Nous partageons le même intérêt pour la politique, la même curiosité pour ce qui se passe au-delà de nos frontières. Lui est français. De la Colombie, il a l'image d'un pays convulsif et violent ; une image à laquelle, trouve-t-il, je ne corresponds pas vraiment. Il m'avait crue française avec mes cheveux auburn, mon collier de perles et mon français impeccable. Je lui raconte mes liens sentimentaux et forts avec la France, mais je lui dis aussi combien j'aime la Colombie. Je ne me doute pas que, dix années plus tard, mon désir impérieux de rentrer à Bogota fera littéralement exploser la relation amoureuse qui est en train de naître.

Fabrice est intelligent et cultivé, ouvert sur le monde, élégant, très beau... Il a, en somme, tous les attributs de l'idéal masculin que m'a légué mon père. Très vite, nous sommes l'un et l'autre sûrs de notre amour, désireux de nous engager pour l'éternité. Et puis il y a Sébastien, là, entre nous, comme un rayon de bonheur. Je me surprends à le materner, je me découvre des envies de famille. Nous nous marierons, oui, nous voyagerons, nous aurons d'autres enfants, ensemble tous nos rêves nous paraissent accessibles. Nous sommes émerveillés, confiants. Infiniment confiants.

Fabrice est bientôt nommé à Montréal et la souffrance de son éloignement est en partie compensée par le plaisir que j'éprouve à me retrouver seule avec mes livres. Je le rejoins au Québec pour de brefs séjours et, aussitôt rentrée à Paris, je m'enferme. J'ai intégré Sciences-Po et plus j'avance dans mes études, plus je me sens en harmonie avec les mécanismes complexes de la conduite d'un État. Les affaires publiques me passionnent, maintenant je comprends parfaitement comment s'emboîtent les rouages de cette formidable machinerie et aussi combien les démocraties sont fragiles, étroitement dépendantes de l'éthique personnelle de chaque élu, de chaque fonctionnaire. Je rêve de mettre tout cela en pratique, mais en même temps je ne me sens pas pressée. Ma priorité, une fois décroché mon diplôme, est d'être enfin complètement auprès de Fabrice.

En 1983, pour notre première année de vie commune, il est nommé à Quito (Équateur). Pour moi, ce poste est un véritable cadeau. Nous allons habiter un pays frontalier de la Colombie, or j'exprime maintenant le souhait de retourner vivre dans mon pays. Nous en parlons souvent, et Fabrice n'est pas chaud. La Colombie l'effraie confusément. Mais il veut bien apprendre l'espagnol et Sébastien aussi. Très vite il le parlera parfaitement et sans accent. Quito est donc pour moi comme un premier pas vers le retour.

Du moins, je l'espère, mais c'est exactement le contraire qui va se produire. Ces trois années passées en Équateur vont dissuader Fabrice de réclamer sa nomination à Bogota. C'est que, vu de si près, le spectacle qu'offre la Colombie est décourageant, et malheureusement conforme à ses pires intuitions. L'économie stagne et, tandis que les narcos déclarent une guerre ouverte aux institutions (l'assassinat du ministre de la Justice en 1984 en donne le signal), de l'autre côté les guérillas décident de reprendre l'action armée. De toute évidence, le pays court au désastre (on dénombrera vingt-trois mille morts pour la seule année 1989), et Fabrice refuse d'envisager d'élever nos enfants dans cet ouragan de terreur.

Justement, je suis enceinte. Mélanie naît en septembre 1985. Ses premiers pas, elle ne les fera pas à Bogota comme je l'avais espéré, mais aux Seychelles, sous le ciel lumineux de l'océan Indien. C'est dans cet archipel paradisiaque que vient d'être nommé Fabrice.

Ce bonheur inouï de Mélanie, de la maternité, ravive aussi brutalement mon chagrin d'enfant après le divorce de mes parents. J'ai la nostalgie d'un bonheur envolé et je me surprends à rêver de réconciliation, d'une famille de nouveau réunie autour de cette petite fille qui découvre la vie. Le 25 décembre sera son premier Noël, je fêterai ce jour-là mes vingt-quatre ans, et le 31 décembre est la date anniversaire de maman... Tout cela m'inspire un complot démoniaque dont je ne mesure pas les risques tant j'ai le désir qu'il réussisse.

J'écris une longue lettre à ma mère l'invitant à passer Noël avec nous, pour sa petite-fille, pour moi qui me sens déracinée, et je la supplie de ne rien en dire à personne pour éviter que papa en soit informé, papa qui sera blessé s'il apprend qu'elle vient la première et que lui n'a pas été invité. Puis j'adresse exactement la même lettre à mon père, le suppliant de nous rejoindre et le pressant également de cacher son voyage pour que maman n'apprenne rien, car elle serait sûrement très peinée, etc. Quelques jours plus tard, tous les deux me répondent qu'ils acceptent mon invitation avec bonheur en me spécifiant bien qu'ils sauront garder le secret...

Cela fait exactement dix ans qu'ils se font la guerre, comment vont-ils supporter de vivre sous le même toit ? En fait de concorde, la situation peut fort bien virer au drame et le premier Noël de Mélanie se transformer en bérézina.

Papa débarque une semaine plus tôt que maman. J'ai prévenu Fabrice, ses parents, tout le monde : en aucun cas il ne doit savoir pour maman, car alors il est capable de repartir par le premier avion. Le drame éclate la veille de l'arrivée de maman. Qui a trahi le secret ? Je ne le saurai jamais.

— Ingrid, tu n'avais pas le droit de me faire ça ! Si tu m'avais prévenu, je ne serais pas venu...

— C'est vrai, papa, j'aurais dû avertir l'un comme l'autre, mais si je l'avais fait, tu ne serais pas là, et moi j'avais envie d'être avec vous deux. C'est sans doute très égoïste de ma part, d'accord. Maintenant, si tu veux vraiment me faire un cadeau, passe Noël avec nous et pars aussitôt après si tu veux. Vous allez loger chacun à une extrémité de la maison, si vous ne voulez pas vous parler, vous ne vous parlerez pas. L'autre solution, c'est que tu repartes par l'avion de maman, comme ça tu ne la verras pas. Tu me feras beaucoup de peine, une peine immense, mais je le comprendrai. J'y suis allée fort, je sais, pardonne-moi.

Papa bougonne. Je me dis qu'il va effectivement prendre l'avion, mais le lendemain matin à sept heures, quand je m'apprête à filer à l'aéroport, il dort tranquillement et sa valise n'est pas faite.

— Maman, papa est là, chez moi, à la maison.

— Non ? Mais c'est génial ! Et il sait que j'arrive ?

— Oui.

— Il veut bien me voir ? Qu'est-ce qu'il t'a dit ?

— Tu verras bien.

Il faut en effet le voir pour le croire. Ils vont passer un mois hors du temps, hors du monde, à parler, à renouer patiemment une bonne partie des liens si violemment rompus, à se pardonner, à rire, à pleurer. Et moi, j'ai assisté à cela, le cœur constamment serré par l'émotion, tellement heureuse pour eux et aussi pour Mélanie qui, de ses grands-parents, ne sait rien d'autre aujourd'hui que cette incroyable complicité. Des années plus tard, je l'entendrai demander à mon père :

— Pourquoi mama Landa et toi vous n'habitez pas ensemble ?

Et lui :

— C'est qu'avec tous ces livres, ma chérie, je n'ai plus de place pour ta grand-mère...

Quelques mois avant cet inoubliable Noël aux Seychelles, maman a quitté Paris, son travail à l'ambassade, pour rentrer définitivement à Bogota. Elle a repris confiance en elle, retrouvé ses forces et, avec une énergie invraisemblable, elle va se lancer, début 1986, dans la campagne des législatives. Elle veut être député, pour reprendre le travail social qui lui tient à cœur, parler au nom de ces familles paysannes chassées vers les villes par la guérilla et les narcos, dont les enfants errent dans Bogota avant d'être recueillis par les organismes humanitaires.

Ma mère devient alors mon lien privilégié avec la Colombie. Il ne se passe plus guère de jour sans que nous nous parlions au téléphone. Elle est sur le terrain, remarquablement informée, et elle va l'être de mieux en mieux car elle parvient à se faire élire député. Tout ce qu'elle raconte me bouleverse. La Colombie semble vouée au malheur, à l'anéantissement. Quand ce n'est pas la nature qui frappe, comme à Armero où l'éruption du Nevado del Ruiz engloutit vingt-cinq mille personnes, c'est la guérilla qui ébranle le cœur même de l'État. Cette année 1985, le M 19, un des plus actifs mouvements de guérilla, a investi le Palais de Justice qui abrite notamment la Cour suprême. La reprise du bâtiment par l'armée s'est soldée par plus de cent morts dont la moitié des juges suprêmes...

Et pendant que mon pays souffre, pendant que ma mère se bat, moi je suis aux Seychelles, dans cet éden touristique. Je suis la femme d'un diplomate français, nous habitons une maison splendide et je n'ai rien d'autre à faire qu'à promener Mélanie et à donner des consignes pour les dîners ou les réceptions que nous offrons de temps en temps. Je ne me sens pas à ma place. Mon bonheur me paraît de plus en plus vain, vide, indécent, parce qu'il se construit loin des miens. Tous les bonheurs du monde me sembleraient dérisoires au regard de ce qui se passe en Colombie. Mais que faire ? Fabrice est heureux, lui, et pourquoi, n'étant pas colombien, irait-il prendre une part quelconque du drame qui se joue chez moi ? Des années plus tard, je me rappellerai maman, avenue Foch, épouse resplendissante et dévouée de Monsieur l'ambassadeur, secrètement partagée entre son amour pour son mari et son désespoir de n'être plus à Bogota, auprès de ceux qui comptent pour elle, et je me dirai que décidément l'Histoire a parfois d'amères répétitions...

À l'été 1986, je n'y tiens plus et je décide d'aller passer deux mois en Colombie avec Mélanie, sous prétexte de lui présenter son pays. Fabrice est retenu par son travail, nous nous envolons toutes les deux, seules. Il y a plus de sept ans que j'ai quitté Bogota pour entrer à Sciences-Po et tout ce qui émane de cette ville invraisemblable me manque. L'âpreté des montagnes — Bogota croît sauvagement, rageusement, à deux mille six cents mètres d'altitude...—, la rumeur folle de ses rues, ses ciels, si lourds parfois, ses pluies dévastatrices, et toujours le regard noir, mélancolique et grave des Colombiens. Ce que j'attends de ce séjour ? Rien. Tout. Que les Colombiens me reconnaissent comme une des leurs, qu'ils adoptent Mélanie, qu'ils nous laissent respirer l'air qu'ils respirent. Je ne suis pas dans la réalité, trop pleine d'idéaux nourris par l'éloignement et la culpabilité, trop pleine d'un amour têtu et naïf pour un pays dont je n'ai jamais partagé les souffrances par la force des choses. Or tout ce qui va m'arriver durant ces semaines va contribuer à me précipiter dans une réalité cruelle.

Maman est là. Vivante, impliquée dans dix projets, courant sans cesse entre son bureau au Parlement et ce qu'elle met en place sur le terrain. Elle perçoit mon attente, mon désarroi aussi, sûrement, et me propose de l'accompagner dans un voyage sur la Côte atlantique, plus précisément dans la région de Maicao, au nord-ouest. La population là-bas vit de la contrebande, c'est une zone de non-droit où certains s'enrichissent énormément, où beaucoup se font tuer, où le petit peuple végète dans la misère. Avec une vingtaine d'autres élus, elle va au-devant de ces gens pour les écouter, me dit-elle, et proposer des solutions. Je la crois, nous croyons l'une et l'autre que c'est en effet la meilleure façon de travailler. Et nous partons ensemble.

Étonnant voyage où, en fait d'écoute et de travail, nous allons surtout beaucoup rire, beaucoup boire, surprises par la tournure que prennent les événements et ne comprenant qu'après coup combien ce déplacement fut indécent. C'est que partout où nous arrivons on nous accueille dans la bonne humeur, banquet, folklore, discours. Où est le peuple ? Ce sont les élus locaux qui parlent, et ces hommes-là sont aux petits soins pour nous, plus soucieux manifestement de se mettre en avant que d'exprimer les doléances des villageois, des familles, des petits commerçants. L'un de nous surtout est à la fête, plus célébré, plus courtisé que les autres. Je le découvre à cette occasion. Il s'appelle Ernesto Samper. C'est un ami de ma mère, député comme elle et doué d'un humour à qui rien ni personne ne résiste. Il est déchaîné, ne perd pas une occasion de brocarder tel ou tel, rigole de tout, boit sec. Parfois, il feint de noter scrupuleusement ce qu'un plaignant lui raconte, mais il oublie le papier sur un coin de table.

Au cours d'un déjeuner avec les gros bras de la contrebande, j'ai la stupéfaction de l'entendre leur tenir un discours démagogique, purement électoraliste : «Vous vivez certes d'un commerce qui échappe à l'impôt, mais qui en Colombie n'en profite pas ? Il faut prendre des mesures, mais des mesures qui s'appliquent à tous. En attendant, je ne vois pas pourquoi vous seriez les seuls à payer les pots cassés. »

Un soir, à l'hôtel, maman et moi parlons de lui.

— Ce type, ce Samper, pourquoi tout le monde est à ses pieds ?

— Mais parce qu'il va être président de la République, Ingrid !

— Non ! Ce n'est pas possible ! Tu ne vas pas me dire que

ce clown qui raconte aux gens ce qu'ils ont envie d'entendre, qui ne pense qu'à rigoler et à draguer, va être président ?

— Si, je pense qu'il a de sérieuses chances. En tout cas, la majorité du Parti libéral lui est acquise.

Huit ans plus tard, effectivement élu président de la République, avec l'argent des narcos, Ernesto Samper, j'en aurai la certitude, fera assassiner la plupart des témoins de son procès et tentera à plusieurs reprises de me réduire au silence.

Mais en 1986 je suis ingénue, j'observe pour la première fois les pratiques de nos hommes politiques et je comprends mieux pourquoi mon père se défie d'eux. Ma mère est moins rigide. À mon étonnement — et à mon dégoût —, elle répond avec résignation qu'il y a une longue tradition de corruption en Colombie et qu'il faut accepter de côtoyer ces élus pour avoir la possibilité d'être un rouage honnête du système, si on veut le réformer. Et au fond, sans le formuler encore, je suis d'accord avec elle. Il faut participer. Je pense qu'il n'est pas possible d'abandonner le destin du pays à des hommes qui n'ont rien à faire de la misère des Colombiens, qui ne songent qu'à s'enrichir sur leur dos. D'ailleurs, quelques jours après ce voyage, je vais annoncer à maman mon entrée en politique, comme on formule un lapsus, c'est-à-dire sans mesurer du tout la portée de ma profession de foi.

Le Parlement est en pleine session et ma mère me propose d'assister aux travaux des députés. Je découvre le Capitole dans les coulisses, les bureaux, l'hémicycle, je découvre aussi avec ravissement combien maman est aimée par tout le personnel. On lui ouvre les portes, on l'embrasse, on se confie à elle, on lui porte du café. Les premiers jours, on m'installe dans une loge réservée aux visiteurs, mais bientôt les huissiers, pour faire plaisir à ma mère, m'autorisent à m'asseoir dans l'hémicycle, à côté d'elle. Exactement comme si j'étais élue. Pendant mes

études, à Paris, j'ai suivi certains débats à l'Assemblée nationale, et ce qui me frappe en comparaison, ici, en Colombie,
c'est que les députés prennent la parole sans cesse et spontanément, sans connaître leur dossier, pour le seul plaisir
d'être remarqués. Ils me paraissent n'avoir aucune réflexion
personnelle, être absolument étrangers aux enjeux. Cela petit
à petit me conforte dans l'impression que la plupart de nos
représentants ne sont pas à la hauteur des besoins du pays.

Un après-midi, en pleine séance, alors que ma mère et moi
sommes là, côte à côte, je me tourne vers elle. Et, sans
réfléchir :

— Tu sais, un jour, je serai assise ici même.

Elle est surprise, je vois son visage s'illuminer.

— Oui, dit-elle, j'en suis sûre.

Elle me presse le poignet. Nous sommes émues l'une et
l'autre. Comment vais-je y parvenir ? Je n'en ai pas la moindre
idée. J'habite aux Seychelles, je suis mariée à un diplomate
français qui ne veut pas mettre les pieds en Colombie, toute
ma vie tourne résolument le dos au Capitole, et pourtant j'ai
dit cela comme on s'engage, solennellement. Les mots me sont
venus tout seuls.

La réalité de la Colombie durant cet été 1986, c'est aussi
mon père dont le cœur flanche.

Un soir, il m'appelle, il est tard.

— Ingrid, demain, je dois aller consulter à l'hôpital. Tu
m'accompagnerais ?

Je comprends tout de suite qu'il a quelque chose de grave,
sinon jamais il ne me mettrait dans la confidence. Lui si secret,
si pudique.

— Mais naturellement, papa, je viens avec toi.

Il faut l'opérer d'urgence, il a les artères complètement bouchées. C'est une intervention lourde et risquée pour un homme qui va sur les soixante-dix ans.

Je ne quitte pas l'hôpital durant les vingt-quatre heures qui précèdent l'opération. Nous parlons, il me laisse entendre que tous ses papiers sont en ordre, qu'il mesure parfaitement qu'il vit peut-être là ses derniers instants. Et quand les infirmiers viennent le chercher, il a ce mot joyeux et terrible :

— On se retrouve de l'autre côté du pont, ma chérie.

Le pont de la vie ? Celui du pontage ?

Il en revient bardé de tuyaux, la poitrine ceinturée, enfermé dans un sommeil artificiel entre vie et mort, et je ne suis pas pressée qu'on l'en sorte parce que je devine ce qu'il va devoir endurer maintenant. Je ne le quitte pas, sa main dans la mienne. Enfin, il ouvre doucement un œil, le referme, recommence. Il me voit, ébauche un sourire. Il veut me dire quelque chose, j'approche mon oreille et j'entends :

— Tu sais ce qu'ils ont trouvé dans mon cœur ?

— Non. Dis-le-moi.

— Ton nom.

— Papa !

J'enlace son visage, je le presse sur ma joue, je l'embrasse et je pleure. Il est bien vivant, il a bien franchi le pont.

Trois jours plus tard, je le découvre assis, déjà. Il n'a plus de couleurs, il respire péniblement.

— Tu souffres, papa ? Qu'est-ce que je peux faire pour toi ?

— Aide-moi à me remettre au lit, ça va aller.

Je le prends dans mes bras, il devient soudain très lourd et s'effondre en m'entraînant avec lui. Brusquement, le son de l'électrocardiogramme se met en alerte. Il est mort. J'ai cette sensation épouvantable qu'il vient de mourir. Alors j'entends mon hurlement, comme si on me précipitait de la crête d'une falaise, le hurlement continu de quelqu'un qui suffoque, et je vois débouler dans la seconde une dizaine de types. Ils prennent mon père à bras-le-corps, le remettent sur le lit en un clin d'œil, s'abattent violemment sur lui. J'ai le sentiment d'assister à un match extravagant où des lutteurs déploieraient une énergie considérable pour insuffler la vie à une pauvre figurine, et cette figurine inerte et grise est mon père. Ils se relayent et le cœur de papa s'essaie timidement à repartir, quelques battements, puis le rythme lent de la vie qui est bien là, oui, à l'unisson des aiguilles d'une horloge.

On me fait sortir. Quand, une heure plus tard, les médecins m'autorisent à revenir à son chevet, papa me prend doucement la main et, moqueur :

— Je t'ai fait peur, hein ?

À partir de ce moment-là, je vais vivre dans l'angoisse constante que papa meure loin de moi. Au fond, je m'en veux de l'avoir laissé seul à Bogota quand j'ai choisi de rejoindre maman à Paris, et l'idée qu'il puisse s'éteindre dans la même solitude m'est insupportable. Cela va compter pour beaucoup dans la suite des événements.

La vie familiale reprend aux Seychelles, aisée et paisible, mais pour moi de plus en plus frustrante, de plus en plus étouffante. J'ai de nouveau des contacts téléphoniques quasi quotidiens avec maman. Elle place alors tous ses espoirs dans le président de la République nouvellement élu, en 1986, Virgilio Barco. Elle le connaît bien car elle a été son adjointe aux Affaires sociales quand il était maire de Bogota. C'est un homme intelligent, extrêmement préparé aux plus hautes fonctions, d'une grande rigueur intellectuelle et morale. Maman estime qu'il a l'étoffe pour ouvrir l'économie colombienne au monde extérieur, entreprendre des pourparlers de paix avec la guérilla et mener parallèlement une guerre sans merci aux cartels de la drogue dont la puissance financière et criminelle commence à inquiéter bien au-delà de nos frontières, et notamment aux États-Unis.

Au fil des mois cependant, les espoirs de ma mère déclinent. Après un bon début de mandat (en Colombie, le président est élu pour quatre ans), Virgilio Barco donne le sentiment de flotter, de lâcher une à une les rênes du pouvoir. On saura plus tard qu'il est atteint de la maladie d'Alzheimer. C'est évidemment une catastrophe pour le pays car cela laisse le champ libre aux narcos, au cartel de Medellin en particulier, dont le chef, Pablo Escobar, fait bientôt régner la terreur sur tout le pays. Une guerre des bombes impitoyable qui frappe aveuglément les villes de Medellin et de Bogota, en plein centre, dans les supermarchés. Des femmes et des enfants meurent, les gens sont effrayés, ils n'imaginent plus d'avenir à cet État petit à petit gangrené par la mafia. Ils assistent, impuissants, à l'effondrement des institutions.

Puis, curieusement, maman reprend courage. Je le perçois à travers nos liaisons téléphoniques. Parmi tous les successeurs possibles de Virgilio Barco, un homme lui redonne espoir. Il s'appelle Luis Carlos Galán, il n'a pas beaucoup plus de quarante ans, il est membre comme elle du Parti libéral, et il s'est fait connaître quelques années plus tôt en exigeant que Pablo Escobar, l'homme du cartel de Medellin, qui était parvenu à se faire élire député suppléant, soit exclu du parti et chassé du Capitole. Cet homme au moralisme intransigeant ose demander maintenant, en pleine guerre des bombes, que la Colombie signe le traité d'extradition pour les narcos que réclament les États-Unis. Les gens de la mafia se moquent d'être mis en prison en Colombie parce qu'ils parviennent très vite à en sortir moyennant des pots-de-vin. Ils redoutent en revanche d'être extradés aux États-Unis car ils savent qu'ils risquent de ne pas en revenir.

En brandissant le fer de lance de l'extradition, Galán est conscient qu'il met sa vie en jeu, que la mafia va le condamner à mort, et cela donne la mesure de son courage, de son intégrité. Maman est séduite par cet homme qui, au fil des mois, parvient à s'imposer comme le meilleur candidat à la présidence de la République du Parti libéral.

Quand la campagne électorale s'engage, au début de l'année 1989, ma mère se retrouve responsable de la logistique du candidat. Une amitié très forte est née entre eux. Plus âgée que Luis Carlos Galán, maman a pour lui une tendresse un peu maternelle. Elle m'en parle parfois au téléphone comme s'il était son fils. Elle croit en lui comme elle n'a jamais cru en aucun autre leader, elle met toute sa foi et son énergie à son service. «Ingrid, me répète-t-elle, il est la dernière chance de la Colombie. Il faut absolument qu'il soit élu. »

Je continue donc à vivre le drame colombien à travers ma mère. Mais mon pays est devenu un sujet de conflit entre Fabrice et moi. Je veux y revenir, je ne pense plus qu'à ça, et Fabrice ne se résout pas à franchir le pas. Il accepte cependant un poste qui nous en rapproche : Los Angeles. Et nous quittons donc les Seychelles pour une résidence aux États-Unis qui me laisse dans le même désespoir d'être loin des miens.

Lorenzo est né cette année 1988 et, durant l'été 1989, je m'embarque seule avec lui pour la France sous le prétexte de le présenter aux parents de Fabrice. Il me semble en réalité que j'ai besoin de m'éloigner pour réfléchir. Je suis de toute évidence au seuil de décisions graves, mais je veux méditer, prendre le temps.

Je renoue des liens anciens, de l'époque de l'avenue Foch et

de Sciences-Po. Voyages nostalgiques à travers la France esti-
vale, après-midi tranquilles chez les uns et les autres, dîners
aux lueurs orangées du couchant. Le 18 août 1989, je suis chez
des amis dans la région des châteaux de la Loire. J'ai beaucoup
câliné Lorenzo, je me sens détendue, sereine. Jamais je n'ai de
difficultés à m'endormir, je peux m'assoupir n'importe où et
ce soir-là en particulier je me sens prête à sombrer. Or, très
curieusement, le sommeil ne vient pas, et comme les heures
s'égrènent, une angoisse inexplicable commence à me serrer
le cœur. Je pense à ma mère et j'ai peur. J'ai beau me répéter
que c'est idiot, qu'elle n'a jamais été si épanouie et conqué-
rante que depuis qu'elle travaille auprès de Galán, mon anxiété
ne se dissipe pas. Et je compte les minutes, assise dans mon
lit, le ventre noué. Est-ce que je suis en train de faire une
petite dépression? Je traverse la nuit la plus étrange de mon
existence, ponctuée de crises d'effroi qui me laissent haletante
et muette. Alors j'éprouve le besoin charnel d'être auprès de
maman, j'ai le sentiment très fort que seule sa présence
pourrait m'apaiser...

À huit heures du matin, quand les premiers bruits familiers
de la maison me parviennent et que je peux donc décemment
passer un coup de fil, j'appelle maman. Il doit être minuit pour
elle, je vais la réveiller mais tant pis.

— Maman, enfin! Pardonne-moi de t'appeler si tard, mais
tu sais...

Et je l'entends sangloter... Pendant un moment qui n'en
finit plus, elle ne parvient pas à parler. Elle est submergée de
chagrin.

— Ingrid!... Ingrid!... Ils ont tué Galán...

— Oh non! Mais quand, maman? Quand?

— Ce soir... J'étais à son chevet... Il y a à peine trois
heures...

Nous pleurons ensemble. À ma peine se mêle immédiatement la blessure profonde, inconsolable, de n'être pas auprès d'elle, auprès des Colombiens, pour partager ce drame. La mort de Luis Carlos Galán, dont les Colombiens paient le prix aujourd'hui encore, va marquer une rupture irrémédiable dans ma vie.

Maman m'explique qu'elle a aussitôt cherché à me joindre, qu'elle vient d'avoir Fabrice à Los Angeles, qu'elle espérait tellement mon appel...

Et petit à petit, elle trouve la force de me raconter.

Galán a été assassiné alors qu'il s'apprêtait à tenir une réunion en plein air à Soacha, une banlieue populaire de Bogota. Le matin même, maman s'est battue pour qu'il renonce à ce meeting, jusqu'à se disputer avec lui, ce qui n'était jamais arrivé.

— Je suis passée repérer les lieux, lui dit-elle, ce meeting, c'est de la folie furieuse. Tu vas être au milieu d'une place publique entourée d'arbres, à ciel ouvert... C'est un endroit idéal pour te tirer dessus.

Elle lui rappelle qu'une semaine auparavant, il a échappé de justesse à un attentat à Medellin. Mal synchronisée, la bombe a explosé quelques secondes après le passage de sa voiture.

— Il est hors de question que je n'aille pas à Soacha, réplique sèchement Galán. Je ne vais pas me cacher pendant toute la campagne électorale sous prétexte qu'ils veulent ma peau. C'est ce qu'ils cherchent, me faire taire, me neutraliser. Je vais là-bas.

— Je ne te dis pas de te taire, Luis Carlos, je te dis que cette réunion en particulier comporte beaucoup trop de risques.

— N'insiste pas, j'irai.

— Luis Carlos, tu ne veux pas m'entendre... Je n'aime pas cet endroit, j'ai peur...

— Yolanda ! Jusqu'à nouvel ordre, c'est moi qui décide de mes réunions. Je tiens particulièrement à celle-ci et j'irai quoi qu'il arrive.

Alors ma mère, qui adule cet homme :

— Ne t'énerve pas, je sais bien que tu iras de toute façon. Essayons plutôt de regarder les choses froidement : comment allons-nous assurer ta sécurité ?

Galán se calme.

— Moi aussi je suis inquiet, figure-toi. J'ai appelé le ministère de l'Intérieur, on m'envoie une escorte supplémentaire. Dix bonshommes. Et une voiture blindée... Ils m'ont assuré que la place est sous surveillance depuis ce matin.

— Bon, mais tu ne seras pas dans la voiture au moment de parler...

— Je sais, on ne peut pas faire mieux de toute façon. Allez, ça ira Yolanda, et maintenant au boulot !

La réunion est prévue à huit heures du soir. Maman est sur les lieux une heure plus tôt. Elle demande à son chauffeur de se garer discrètement et observe l'animation dans les rues depuis sa voiture. Des groupes sont déjà là avec des banderoles et la foule afflue continuellement. À toutes les fenêtres des maisons, au-dessus, des badauds se penchent, manifestement excités par le spectacle. Maman est prise d'un léger vertige, on dirait une arène quelques minutes avant l'entrée du taureau, songe-t-elle.

Enfin la voiture de Galán est annoncée. Elle vient stationner le long de la sienne, elle est en effet blindée, mais elle ne bénéficie d'aucune escorte. Ma mère descend, et à sa grande surprise Galán en fait autant. Aussitôt des gens se pressent autour d'eux. Ils sont encerclés.

— Mais tu es fou ! Rentre dans ta voiture ! Vite ! Vite !

— Yolanda, s'il te plaît... J'ai prévu autre chose, il faut que la foule me voie. Le pick-up, là, c'est pour moi. Je vais monter dessus et faire le tour de la place.

— C'est complètement irresponsable !

— Arrête ! Et puis accompagne-moi, les gardes du corps vont monter également.

On le pousse vers le pick-up, ma mère grimpe derrière lui sur la plate-forme à l'arrière, puis les gardes du corps. Des balcons, on leur jette des fleurs. Galán est ravi. Ma mère, elle, comprend le danger. Ils sont totalement exposés, cibles parfaites pour n'importe quel sicario. Galán se détache du groupe et se hisse sur une caisse en bois. Il salue la foule, les bras en croix. Maman est hors d'elle. Alors, l'espace d'une seconde, un des gardes du corps lui prend la main.

— Ne vous inquiétez pas, touchez ici.

Et maman constate que Galán porte un gilet pare-balles. Cela la tranquillise un peu.

Galán se retourne :

— Ne t'inquiète pas, tout va bien.

Il a l'air heureux et triomphant. La voiture s'ébranle, s'engage lentement dans la foule. Il salue et les gens s'enflamment. L'ambiance grimpe de plusieurs degrés. Galán est aimé, charismatique. Maman cesse de trembler, gagnée petit à petit par l'enthousiasme délirant qui les entoure.

C'est fini, cette exhibition à haut risque a été un succès. Regonflé, Galán saute de la plate-forme. Il doit maintenant monter à la tribune pour s'installer devant le micro. Et ma mère le suit. Il est prévu qu'elle prenne place derrière lui, avec une poignée d'autres élus.

Alors qu'il s'engage sur l'escalier de fortune, dépassant ses gardes du corps de la tête, puis de tout le buste, maman, elle, trébuche et tombe. C'est à ce moment qu'éclate ce qu'elle prend un centième de seconde pour un feu d'artifice. Mais quand elle tente de se redresser, on la plaque violemment au sol. Une voix hurle :

— On nous tire dessus !

Elle lève les yeux et voit Galán s'effondrer. Son garde du corps personnel, déjà atteint de plusieurs balles, lui enlace inutilement le bas du corps.

On emporte Galán. Encadrée par l'escorte, ma mère est précipitée derrière les murs de la mairie voisine. La radio annonce aussitôt l'attentat et, très vite, elle précise que Galán n'est pas mort, qu'on va sûrement avoir besoin pour le transfuser de sang O⁻. C'est le groupe de maman. Une ambulance, qui est encore présente, l'embarque. Ils supposent que Galán a été conduit à l'hôpital le plus proche de Soacha, mais ne l'y trouvent pas. Ils s'informent et, sirènes hurlantes, arrivent enfin au bon hôpital.

Là, c'est la panique complète, des voitures garées dans tous les sens. Galán vient d'être débarqué, il est encore allongé sur une civière et maman entend une infirmière crier, affolée :

— Qu'est-ce qui s'est passé ? Qui est cet homme ?

— Mais c'est Galán, mademoiselle ! Luis Carlos Galán. Faites vite, je vous en supplie, il est en train de mourir.

On court, on parvient à le transfuser. Maman est la seule de ses proches à son chevet, sa famille n'a pas encore pu le rejoindre. Il meurt quelques instants plus tard sans avoir repris connaissance. Tout est fini.

Ma mère rentrait de l'hôpital quand je l'ai appelée depuis la France. La mort de Galán est pour elle la mort de la Colombie. Elle est ivre de chagrin, profondément désespérée. Il était l'ultime barrage capable de résister à la gangrène mafieuse de tout l'appareil d'État. Nous parlons pendant plus de deux heures et je m'entends répéter, malgré moi, comme un insoutenable aveu de culpabilité : « J'aurais dû être là, maman. J'aurais dû être là. »

Quatre mois plus tard, ma décision est prise. Je me sépare de Fabrice, boucle mes valises et m'envole, seule, pour Bogota. Je sais parfaitement les souffrances qui m'attendent, l'éloignement de mes enfants, la douleur de ne pas avoir réussi à sauver ma famille, comme maman, ironie du destin, qui, quinze ans plus tôt, avait brisé la sienne, mais j'ai la certitude que c'est le prix à payer pour retrouver enfin une place parmi les miens.

4

Lorsque je débarque à Bogota, en janvier 1990, ma mère vient de prendre la décision de briguer un mandat de sénateur. Elle est abattue, très profondément découragée, mais elle le fait par fidélité à la mémoire de Luis Carlos Galán. Son engagement, pour moi qui viens de rompre brutalement avec ma vie antérieure, représente, même dans le contexte horrifiant de la Colombie, une promesse d'avenir : il est un flambeau modeste, mais vivant, qu'il m'appartiendra de reprendre si j'en ai les épaules.

J'ai vingt-neuf ans, je n'ai ni emploi ni argent, et je m'installe donc chez elle. À ce moment-là, ma mère est le seul lien qui me relie à mon pays. J'en suis partie depuis plus de dix ans, j'ai perdu de vue tous mes amis du Lycée français et je ne connais personnellement aucune des étoiles politiques du moment. Curieusement, ce dénuement me stimule, j'ai tout à faire, tout à apprendre, et le désir est là, amplifié par une décennie d'attente et d'insatisfaction. Je me sens forte, j'ai confiance en moi. Bien sûr, Mélanie et Lorenzo me manquent, bien sûr certains soirs sont épouvantables, mais très vite, Fabrice me les envoie pour quelques mois à Bogota.

Fabrice et moi n'échapperons pas aux conflits douloureux et violents que connaissent la plupart des couples qui se séparent, mais il fera preuve d'une grande élégance et un peu plus d'un an après moi il s'installera à Bogota, dans l'intérêt des enfants, lui qui s'était tant battu, jusqu'à me perdre, pour échapper à cette ville, à ce pays...

Quel bonheur d'être là, enfin ! Maman parle. Avec moi, elle n'a plus à faire semblant, elle peut se livrer, elle n'a rien à cacher, et je mesure, à travers la situation qu'elle me dépeint, combien la Colombie est mal partie. Ces leaders politiques dont je découvre les visages chaque matin dans les journaux m'apparaissent comme des personnages sans envergure, sans idéaux, seulement épris de pouvoir et d'argent. Or nous approchons d'échéances électorales décisives : après le renouvellement du Parlement en mars, ce sera, durant ce même printemps, l'élection présidentielle. Galán disparu, les regards se sont tournés vers les remplaçants possibles. Le nom de Samper a été évoqué. Ernesto Samper, ce personnage caustique et truculent qui nous avait fait tellement rire durant ce voyage sur la Côte atlantique quatre ans plus tôt. Le Parti libéral lui a finalement préféré César Gaviria, mieux placé pour bénéficier de l'héritage politique de Galán puisqu'il était son directeur de campagne...

Maman se trouve prise dans un dilemme terrible : elle n'a aucune confiance en Gaviria, elle le juge remarquablement intelligent, mais le soupçonne d'être trop « flexible » du côté des principes, et, cependant, elle n'a d'autre choix que de le soutenir. Il est le candidat de son parti, la famille Galán l'a officiellement adoubé, enfin aucun homme providentiel ne se détache du lot. «Comme souvent en Colombie, dira-t-elle, nous en sommes réduits à nous rallier au moins pire. »

Très vite, ma mère se lance à corps perdu dans ces deux campagnes successives : la conquête de son siège de sénateur, puis celle de la présidence de la République pour Gaviria. Et moi, d'accompagnatrice et de confidente, je deviens petit à petit conseillère. Tout ce que j'ai appris à Sciences-Po, tout ce qui nourrissait ma passion pour la gestion d'un État me revient en mémoire à grande allure. Nous concevons ensemble ses affiches, nous réfléchissons ensemble à ses discours, aux thèmes qu'elle doit développer, aux mots qu'elle doit employer pour convaincre. En Colombie, un sénateur jouit d'une plus grande autorité qu'un député, notamment parce qu'il faut beaucoup plus de voix pour accéder à la Chambre haute qu'à celle des représentants. C'est une élection difficile que maman emporte finalement et, comme d'habitude, grâce aux voix des plus défavorisés.

César Gaviria l'emporte également, deux mois plus tard. Mais avant même d'être élu, il a montré son vrai visage en trahissant Galán, comme maman le craignait, en reniant l'engagement qu'il avait pris devant le peuple colombien de signer le traité d'extradition pour les narcos. Maman, si désenchantée pourtant, trouve la force de tempêter dans les instances du parti. Elle n'en retirera que de solides inimitiés et campera bientôt seule sur la ligne éthique de Galán.

Quant à moi, les élections finies, je me retrouve sans travail. Mais ces semaines de réunions, de déplacements, de va-et-vient, m'ont permis de renouer des liens anciens. Je suis ainsi tombée sur un ancien ami d'école, Mauricio Vargas. Toujours aussi brillant — il était premier de la classe —, Mauricio est déjà, malgré son jeune âge, directeur d'un des plus grands hebdomadaires colombiens, *Semana*. Aussitôt le gouvernement de Gaviria constitué, Mauricio m'appelle pour me dire qu'il m'a recommandée auprès du nouveau ministre des Finances, qui est son ami, et que celui-ci va me recevoir. D'ores et déjà, mon choix est fait : je ne veux pas faire des affaires, gagner beaucoup d'argent ne m'intéresse pas, mais je veux participer à la gestion du pays. J'ai toujours en tête les mots de mon père sur le paquebot qui nous ramenait de France : « Ingrid, toutes ces possibilités dont tu as bénéficié, enfant, font qu'aujourd'hui tu as une dette envers la Colombie. Ne l'oublie pas. »

Le ministre des Finances s'appelle Rudolf Hommes. Il n'est pas issu — et c'est ma chance — de cette oligarchie politique colombienne incompétente et corrompue. C'est un professeur d'université, connu et respecté des milieux financiers. Un technicien. Sa réputation est semblable à celle de mon père du temps où il était ministre : on le dit compétent et rigoureux. Coïncidence : le ministère des Finances est maintenant installé dans l'immeuble qu'occupait celui de l'Éducation et Rudolf Hommes me reçoit donc dans l'ancien bureau de papa...

Au premier regard, nous sympathisons. C'est un homme petit et rond, à l'œil bleu et vif. Il me fait raconter mes études en Europe. Il juge cela de bon augure, et plutôt romantique. Je vais m'apercevoir très vite qu'il s'est entouré d'une équipe de jeunes techniciens brillants, tous formés aux États-Unis. Je serai la seule sortant d'une école française.

— Bon, et les additions, les soustractions, vous n'avez pas oublié ?... me lance-t-il à la fin.

— Je crois que ça ira.

— Parfait, je vous embauche. Vous commencez demain.

— Pour faire quoi exactement ?

— Vous verrez bien.

Je découvre mon bureau le lendemain matin. Il est petit, mais dans la proximité immédiate de celui du ministre. Je figure parmi ses conseillers techniques, et j'ai une secrétaire.

Précieuse secrétaire, rompue aux rouages de l'État colombien. À peine arrivée, le ministre me convoque.

— Prenez contact avec le DNP sur ce dossier et rendez-moi compte.

Le DNP? Je ne sais même pas ce que c'est. Ma secrétaire éclate de rire.

— Le Département national du plan, Ingrid. Je vous l'appelle.

Si, d'aventure, j'avais eu la grosse tête... Je comprends là, brutalement, combien ces dix années d'éloignement me handicapent : non seulement je n'ai aucune relation, mais je n'ai aucun des codes, aucun des réflexes que possède le plus modeste des étudiants colombiens. Je suis une étrangère dans mon propre pays.

Dans les jours suivants, le ballet incessant des visiteurs autour du ministre va encore contribuer à m'enfoncer. Ces gens connus de tous font un crochet par mon bureau pour me saluer.

— Il paraît que tu es la fille de Yolanda! Sois mignonne, dis-lui que je pense à elle et que je l'embrasse fort...

Ou encore :

— Mon Dieu, mais tu es la fille de Gabriel! J'ai une estime infinie pour ton père. Dis-le-lui, je regrette tellement qu'on ne le voie plus...

Toutes ces personnes affables, charmantes, sont évidemment persuadées que je ne connais qu'elles, alors que je n'ai pas la moindre idée de leurs noms ni des hautes fonctions qu'elles occupent certainement. J'ai le sentiment atroce de relever d'une très longue amnésie et par instants le vide de ma mémoire me flanque le vertige. S'ils savaient, me dis-je, à quel point je suis perdue, ignorante de tous ces liens qui tissent leur appartenance commune à la Colombie, ils se détourneraient de moi avec embarras, ou effroi, comme on se détourne d'un intrus dans une réunion de famille.

Reste que j'aime travailler et que dans ce domaine la réflexion et la méthode comptent plus que l'entregent. Je suis en particulier convaincue que la seule façon d'avancer est de proposer une solution à chaque problème. Ne jamais enterrer, ou retarder un dossier, sous prétexte qu'il pose des difficultés apparemment insolubles, mais creuser, remuer ciel et terre s'il le faut, pour résoudre l'énigme, dénouer le nœud. C'est ce que je fais dans mon coin, avec entêtement, et mon ministre est sensible à ce souci d'élaborer, de construire, en dépit des pesanteurs administratives.

Ainsi naît entre Rudolf Hommes et moi une relation assez amicale faite d'estime mais aussi de méfiance, parce qu'il me juge trop indépendante et donc susceptible de foncer dans une direction qui n'aurait pas forcément sa caution. Est-ce pour me mettre à l'épreuve qu'il finit par me confier un dossier dont personne ne veut ?

— Ingrid, je viens de m'engager devant le Parlement à proposer un plan de développement pour la Côte pacifique, me dit-il un matin. C'est une affaire compliquée, pleine d'intérêts contradictoires. Prenez six mois, imaginez une politique et faites-moi des propositions chiffrées.

La Côte pacifique, cela va du port de Buenaventura à celui de Tumaco, tout près de la frontière avec l'Équateur. Je n'y ai jamais mis les pieds, mon ministre non plus du reste, et à vrai dire bien peu de gens connaissent cette zone, pour la bonne raison qu'il n'existe pratiquement aucune route pour y accéder. Si la région éveille beaucoup de convoitises, c'est qu'elle pourrait profiter du développement futur des échanges maritimes avec la Côte ouest des États-Unis, avec le Japon et la Chine, comme avec nos voisins d'Amérique latine, le Chili, le Pérou, l'Équateur. Mais en attendant, notre Côte pacifique, laissée en l'état, est une forêt tropicale d'une valeur écologique inestimable ; elle est le poumon de la Colombie. Doit-on détruire en partie cette forêt au nom d'intérêts économiques ? Doit-on résister aux pressions de nos entrepreneurs, de nos politiciens avides, au nom de la protection de notre écosystème ?

Rapidement, je découvre qu'au Département national du plan, le fameux DNP, deux jeunes techniciens planchent déjà sur un éventuel programme de développement. Nous décidons de nous associer. Bientôt l'information circule et les pressions s'accroissent sur notre petite équipe. Untel, porteur d'un vaste projet d'exportation de crevettes, propose de nous emmener sur place ; un autre se met à notre disposition pour nous guider, lui aussi, car il envisage de faire fortune dans le commerce de l'ananas, ou de la banane… Les élus de Cali et de Medellin, les deux grandes villes qui rêvent de vastes débouchés sur le Pacifique, se disputent notre attention. Pas de jour sans qu'une nouvelle invitation nous arrive.

Nous voyons venir le danger et, un beau matin, fuyant ces gens décidément trop empressés, nous nous embarquons tous les trois, sac au dos, pour Buenaventura. Pour nous guider, nous avons accepté le concours d'un vieux patriarche du coin qui, lui, n'a d'autres ambitions que de servir sa communauté avant de disparaître. La piste Cali-Buenaventura est impraticable (elle est pourtant la seule voie d'accès au Pacifique) et nous devons emprunter un petit avion.

Notre guide est au rendez-vous. Comment compte-t-il nous transporter durant les dix jours de notre expédition ? À bord d'une barque à fond plat, du genre de celles qu'on loue au bois de Boulogne, mais dotée d'un moteur hors-bord. Or la météo n'est pas avec nous, comme souvent sur le Pacifique : mer sombre et houleuse, ciel plombé… Nous embarquons, le bateau prend l'eau et il n'y a pas de gilets de sauvetage. À cet instant, je ne parierais pas ma chemise sur nos chances de survie. Un moment plus tard cependant, nous quittons la haute mer pour nous enfoncer sous les palétuviers à travers un réseau fluvial complexe. Nous entrons dans la mangrove, et nous n'allons plus la quitter. Ici, l'eau est étale, peu profonde, et fourmille d'une vie intense et secrète dont nous percevons subrepticement l'écho : crabes, langoustines, poissons et animaux de la forêt tropicale s'y côtoient. Notre moteur léger lève des colonies d'oiseaux et il faut le couper pour percevoir un bruissement continu dans cette végétation molle et exubérante. Bon, mais où sont les hommes ? Comment parviennent-ils à survivre dans ces marais tièdes, si loin de tout ?

Après trois heures de navigation, quelques cabanes se découpent sur un arrière-fond de feuilles et de lianes. Elles sont misérables et semblent inhabitées. Pourtant, notre barque bifurque vers une langue de terre noire et boueuse. Alors une quinzaine d'enfants surgissent. Ils jettent un tronc d'arbre sur cette bande de terre et nous débarquons. Deux hommes observent la scène de loin.

Ils sont très grands, noirs, simplement vêtus d'un short. Comme nous nous apprêtons à marcher vers eux, portés par l'euphorie des enfants, la porte d'une cabane s'ouvre et une femme nous apparaît, absolument irréelle en ce lieu : elle est étonnamment belle, brune aux yeux verts, le buste moulé dans un tee-shirt immaculé, pantalon, talons aiguilles.

— Notre maîtresse, disent les enfants.

Manifestement, nous étions attendus. La jeune femme sourit, nous fait entrer. Des pupitres de fortune, des cartes de géographie. Tiens, l'Irak et l'Iran. Nous sommes en janvier 1991, c'est en effet la guerre là-bas… Est-ce que cette maîtresse, au tréfonds de la forêt tropicale ?… Oui, peu importent les conditions, l'éloignement, les enfants, dit-elle, doivent s'initier au monde. Nous parlons, et je découvre comment cette femme est arrivée là, de Cali où elle a provisoirement laissé un mari et des enfants. Pour avoir un poste d'institutrice à Cali même, il y a deux méthodes : reverser une partie de son salaire au politicien local qui vous a obtenu l'affectation ou, le cas échéant, coucher avec lui. Comme elle a refusé et l'un et l'autre, on l'a punie en l'expédiant pour un an dans cette prison de boue. Or au lieu de couler, elle a décidé de réussir ce pari impossible : tenir l'école, apporter un minimum de culture à une communauté qui n'avait pas vu d'instituteur depuis bien longtemps.

« Quand je suis arrivée ici, me raconte-t-elle, les enfants buvaient l'eau de la rivière et beaucoup mouraient de diarrhée. J'ai convaincu les familles de garder en permanence une bouilloire sur le feu… » Elle donne l'exemple, entretient son propre feu. Puis il lui a fallu imposer des règles : creuser des sanitaires, se protéger des moustiques, enseigner le respect de l'intimité car au début enfants et adultes accouraient au spectacle de l'institutrice se savonnant dans la rivière… L'État colombien n'a rien fait d'autre pour ce village que de lui dépêcher cette institutrice et elle, qui devrait haïr cet État, fait le travail à sa place… Un jour, je le sais, la Colombie se redressera grâce, en particulier, à l'effort silencieux de ces hommes et de ces femmes, intègres et forts, que j'ai croisés partout dans mon pays. Leur regard me poursuivra sans relâche, comme un serment à honorer. Je ne pourrai jamais oublier qu'ils m'observent, et ce qu'ils attendent de moi.

Nous accostons à López de Micay. Un village dont le clocher surplombe toitures et palétuviers. Ah, ici tout de même l'État a construit un dispensaire. C'est la première réalisation que nous visitons. Deux jeunes en fin d'études de médecine y ont été affectés, mais ils n'ont rien pour exercer, pas un instrument, pas un médicament, pas même un paquet de coton…

— Vous voulez voir ? demande l'un, sur un ton légèrement méprisant pour les ronds-de-cuir que nous sommes.

— Oui, s'il vous plaît.

Il brandit une boîte d'aluminium, l'ouvre : une seringue à l'aiguille rouillée.

— Voilà, c'est tout.

Alors, par une coïncidence édifiante et dramatique, une famille déboule dans la pièce où nous bavardons. La femme est sur le point d'accoucher mais seule une césarienne le lui permettra. Or le dispensaire n'a même pas une barque pour la transporter jusqu'à Buenaventura. Nous prêtons la nôtre, c'est tout ce que nous pouvons faire pour ces gens, en espérant qu'à Buenaventura un médecin aura le matériel nécessaire pour sauver cette femme et son enfant. Quelle est cette prétendue démocratie qui laisse ainsi mourir les siens ?

Et le dispensaire lui-même n'est pas achevé. Pourquoi ? Parce que l'élu local qui a obtenu le budget du gouvernement en a prélevé la moitié pour ses affidés et lui. Il va pouvoir se vanter d'avoir fait un dispensaire, bien que ce dispensaire ne serve à rien. Même ironie cruelle pour un cabinet dentaire dont le siège électrique a bien été livré, mais non l'électricité, faute d'argent pour les travaux de raccordement.

C'est un double mal pour la population : non seulement le gouvernement ne vient pas à son secours, mais elle a le sentiment qu'il la berne, qu'il se joue de son innocence et gâche un argent qui lui serait si précieux, à elle qui n'a rien…

Quelque temps plus tard, nous arrivons dans un hameau,

El Charco, en pleine catastrophe ; la plupart des maisons viennent de brûler et les gens courent en tous sens à travers une fumée suffocante. Ils finissent de jeter des seaux d'eau. Le bourg est assez important, il y a un véritable ponton et une rue de terre proprement nivelée. Dans la panique, on ne nous prête aucune attention et, le calme revenu, nous voyons les enfants faire la queue devant l'un des seuls bâtiments encore debout : l'épicerie. Le commerçant distribue à manger gratuitement, comme le ferait l'État ailleurs. Plus tard, les familles préparent le repas. Elles ont perdu leur toit mais elles ne semblent pas du tout désespérées : on mange, on se parle sereinement et les enfants rient. Nous avons presque honte de nous présenter les mains vides, arrivant d'un ministère. Mais eux sont aimables, chaleureux, ils disent qu'ils vont reconstruire toutes ces maisons en cendres. De toute évidence, ils n'attendent rien de nous et quand nous parvenons à leur faire entendre que l'État colombien leur doit un minimum d'assistance, la seule chose qu'ils nous réclament c'est une petite barque à moteur qui leur permettrait de rallier rapidement l'hôpital de Buenaventura. Des enfants, des femmes enceintes et des vieillards meurent faute de cette embarcation…

Enfin, nous débarquons à Tumaco, dernière étape. Et cette fois l'argent est là, palpable, obscène ; des maisons clinquantes comme des palais des Mille et Une Nuits sur des rues même pas asphaltées, des voitures d'un luxe inouï, des yachts privés… C'est que Tumaco a de grosses entreprises d'import-export et qu'on y pratique aussi une contrebande effrénée, notamment les élus du coin. À côté de cette richesse ostensiblement étalée, un quartier misérable construit sur pilotis au-dessus de l'eau. C'est ici qu'habitent les ouvriers et leurs familles qui travaillent dans ces entreprises si bénéfiques pour leurs propriétaires. Trois mille personnes, entassées dans des

baraques rongées par l'humidité, au-dessus d'un amoncelle-
ment d'ordures que les vagues roulent indéfiniment.

Sans cesse on leur promet de les reloger, et rien ne vient. Le
sénateur et le député, membres du même clan et qui touchent
une commission sur tout ce qui se fait à Tumaco, ne voient
aucune urgence à les rapatrier sur la terre ferme. Nous
rencontrons le curé qui se bat seul pour cette population aban-
donnée, humiliée, et là nous prenons l'ampleur de l'insouciance criminelle des élus de Tumaco : les raz-de-marée sont
courants ici et ces maisons fragiles n'y résistent pas. Une fois
tous les dix ans, l'horreur se répète, ces constructions sur pilotis disparaissent, emportant hommes, femmes et enfants. Les
survivants et les nouveaux venus, poussés par la misère, recons-
truisent au même endroit, préférant sans doute la férocité de
la nature à celle des hommes.

Il faut faire quelque chose. Nous allons l'écrire, alerter le
gouvernement, tirer de multiples sonnettes. En vain. Personne
ne bougera. Des années après ce voyage, alors que je serai élue
au Parlement, un raz-de-marée emportera tout ce quartier de
Tumaco, tuant plus de deux mille personnes. Je songerai ce
jour-là, les sanglots avalés, que le plus urgent des combats, le
plus légitime, est de donner à la Colombie des dirigeants
dignes de ce nom.

Conscients de l'escroquerie des élus, du détournement systématique des fonds, et soucieux aussi de préserver l'identité
locale, nous élaborons un plan de développement essentielle-
ment écologique, cherchant à remettre entre les mains des
populations locales les décisions les concernant. Plutôt que
les travaux pharaoniques que réclament politiciens et affai-
ristes, nous plaidons pour les travaux communautaires, avec
les matériaux de la région, notamment l'adduction d'eau et

l'installation d'égouts. Nous insistons sur le développement de l'école et du système de soins. Bientôt, seule à porter ce programme, je multiplie les navettes entre Bogota et Cali. Mon ministre me soutient, et si je ne convaincs pas certains fonctionnaires trop liés aux élus du coin, j'emporte l'adhésion d'une bonne partie de la presse et surtout de la population.

Un jour, le gouverneur de la région de Cali m'invite à l'inauguration d'un quartier de logements populaires. Et je découvre là le ministre du Développement qui n'est autre... qu'Ernesto Samper.

— Oh Ingrid! Quelle bonne surprise! Comment vas-tu? Tu es magnifique, de plus en plus semblable à ta mère...

Un Samper égal à lui-même, charmeur, insouciant.

— Et qu'est-ce que tu fais ici?

Je lui explique que j'ai bouclé un plan de développement pour la Côte pacifique et je le vois soudain très attentif à ce que je raconte. Pour lui qui d'ordinaire blague et papillonne, c'est assez surprenant.

— Tu ne veux pas m'en passer une copie? m'interrompt-il.

— Attends! Mais il y en a une sur ton bureau depuis près de deux mois!... Tu penses bien que, en tant que ministre du Développement, tu en as été un des premiers destinataires...

— Ah parfait, parfait, je lirai ça en rentrant. Mais continue. Tu disais donc qu'en matière de logement social...

Je lui révèle chaque proposition et le budget prévu. Puis nous nous quittons. Lui doit prononcer un discours dans l'après-midi et moi je suis prise ailleurs pour une série de réunions.

Quelle n'est pas ma stupéfaction, le lendemain matin, en ouvrant le journal! À la une, ce titre magistral: «Le ministre Samper lance le plan Pacifique: des millions de dollars d'investissement ». Tout ce que je lui avais dit la veille est là, grossièrement résumé. Mon premier réflexe, naturellement, est d'éclater de rire devant l'incroyable culot de ce type. D'une conversation d'un quart d'heure, sans un soupçon de réflexion ni la moindre consultation, il a donc tiré cette annonce énorme qui concerne plusieurs dizaines de milliers de personnes. Mais l'exaspération succède au rire. Samper a fait preuve d'un insupportable cynisme, usurpant le travail du ministère des Finances, il nargue un gouvernement qui ne le tolère que pour éviter une scission au sein du Parti libéral. Dans une absence totale d'idées et de convictions, sa stratégie de conquête du pouvoir est exclusivement fondée sur le bluff...

Pour Rudolf Hommes, mon ministre, qui porte ce projet depuis l'origine, c'est un affront, et dès mon retour à Bogota je me prends un savon comme jamais. Mais le plus grave n'est pas cette engueulade que nous oublierons vite l'un et l'autre. Le plus grave, c'est qu'en agissant ainsi Ernesto Samper a tué dans l'œuf le plan Pacifique. Pourquoi ? Tout simplement parce que le chef de l'État, César Gaviria, qui déteste Samper depuis qu'ils ont été mis en concurrence pour la présidence de la République, ne veut en aucun cas que son ministre et rival puisse tirer un profit électoral de ce programme de développement. Gaviria va donc s'empresser de minimiser, puis d'enterrer, toutes ces mesures que la population locale s'était mise à espérer.

J'hérite, en ce qui me concerne, d'un second dossier en forme de cactus : celui de la contrebande. Il y a urgence : l'industrie colombienne est en train de mourir du fait de l'entrée frauduleuse de produits étrangers non taxés et donc vendus sur le marché intérieur nettement moins cher que notre production locale. C'est notamment le cas de l'industrie colombienne du tabac, étouffée par les cigarettes américaines de contrebande. Nos productions de textile, de chaussures, d'alcool, sont également menacées. D'un autre côté, une population considérable vit de ce commerce illicite et il serait irresponsable de vouloir changer les choses du jour au lendemain. Notre idée est donc de délimiter géographiquement des zones dites de « libre commerce » à l'intérieur desquelles les produits colombiens seraient détaxés de façon à neutraliser l'attrait de la contrebande. Pourquoi en effet importer frauduleusement des cigarettes américaines si les nôtres sont au même prix, voire moins chères ?

Cette politique de transition permettrait à la population locale de continuer à commercer tout en en finissant avec la criminalité, inhérente à la contrebande et au réseau de corruption qu'elle nécessite.

Reste que ce plan n'existera qu'à la condition de convaincre les gens de s'y rallier. Et nous voici donc partis à trois, trois « technocrates », pour Maicao, capitale de la contrebande sur la Côte atlantique, là même où j'avais accompagné ma mère durant l'été 1986, lors de ce voyage surréaliste d'élus du Parlement. Cette fois, l'ambiance n'est plus à la guinguette. Une camionnette Toyota nous attend à notre descente d'avion, elle a la particularité d'être criblée d'impacts de balles.

— Qu'est-ce qui s'est passé avec cette voiture ? demandons-nous.

— Ici, c'est très dangereux, rétorque sombrement le chauffeur. Il faut faire attention, les gens sont violents.

Si d'aventure nous n'avions pas compris le message, il nous est répété à l'entrée de Maicao sur une banderole géante, tendue au-dessus de la route : « Dehors les envoyés du ministère ». Et, pour conclure l'accueil, tous les commerçants ont baissé leur rideau en signe de bienvenue. Opération ville morte donc, et partout des tracts : « Dehors ! »

Une réunion publique est prévue à dix-sept heures, au Club du commerce, une vaste paillote sur terre battue qui peut recevoir cinq cents personnes. L'ambiance est électrique lorsque nous nous y présentons. Une foule d'hommes au regard noir — je ne remarque qu'une seule femme, vêtue de l'habit wayu des Indiens de la région — et, plus inquiétant, des bouteilles de whisky qui circulent. L'air est lourd, nous avons tous la peau moite.

Leonardo, le seul homme de notre trio, commence à expliquer le projet d'un point de vue technique dans un silence goguenard. Puis des bras se lèvent et ces gens commencent à s'exprimer. Il est alors dix-huit heures ; ils vont monopoliser le micro pendant plus de quatre heures. Progressivement, le ton monte, stimulé par l'alcool, la colère, la chaleur, jusqu'à devenir des vociférations de haine, des injures. « Le gouvernement nous tend un piège », « Tout cela, c'est plus d'impôts », « Les gens du gouvernement ne viennent que pour nous créer des problèmes »...

Quand Leonardo essaie de reprendre le contrôle, des hommes s'approchent, complètement ivres, postillonnant et, le poing levé, nous menacent : « Menteurs ! Petits fonctionnaires ! Vous ne connaissez rien à ce pays, allez-vous-en ! »

— Foutons le camp, me souffle à l'oreille ma collègue, on va se faire massacrer.

Fuir serait à mon avis une catastrophe pour l'image de l'État qui n'est déjà pas reluisante. Alors je décide de jouer sur l'unique corde qu'il nous reste, celle de la galanterie, toujours présente au cœur des Colombiens. Je prends le micro et je me lève.

— Je ne vois que des hommes ici, dis-je gravement. Nous sommes ensemble depuis des heures et durant tout ce temps j'ai vainement attendu que l'un d'entre vous ait au moins la courtoisie de nous laisser placer un mot. Mais personne n'a eu cette élégance élémentaire...

Silence. On dirait que ces mots-là les dégrisent. Ils se tassent sur eux-mêmes, bougonnent, puis se taisent. Je n'ai qu'à enchaîner.

— Qu'est-ce que vous voulez défendre? Un pays dans lequel il faut s'entretuer pour faire du commerce? On nous a conduits jusqu'ici dans une voiture trouée de balles. C'est dans ce climat que vous faites vivre vos femmes, que vous élevez vos enfants? Mais quelle idée vous faites-vous donc de la famille, du bonheur, de la vie? Les plus riches d'entre vous se barricadent derrière des haies de barbelés, des grilles, des caméras, et ils ne sont jamais certains de rentrer dormir chez eux le soir. À quoi vous sert d'être riches si vous vivez dans la terreur? La vérité, c'est que vous êtes tous prisonniers de la corruption, de la contrebande. Demandez-vous un instant si vos femmes et vos enfants ne préféreraient pas vivre auprès d'un commerçant normal, honorable, que la réussite ne transforme pas en cible... Je vais vous dire une bonne chose : nous ne sommes pas venus vous vendre un truc à tout prix. Cette zone de libre commerce, c'est notre intérêt à tous. Mais nous ne la ferons pas contre vous. Jamais! Si vous la voulez, très bien. Si vous ne la voulez pas, vous resterez dans cet état de non-droit qui tue chaque année des dizaines d'entre vous. Moi, personnellement, je ne vois dans tout cela que l'intérêt de vos enfants...

Ils se regardent entre eux, murmurent, se calment. Ils sont moins défiants. Cependant, il est déjà tard et nous décidons de nous revoir le lendemain, non pas avec les cinq cents, mais avec une délégation d'entre eux. Six mois après, les zones de libre commerce de Maicao, d'Urabá et de Tumaco naissent par décret.

Alors, je suis appelée par le jeune ministre du Commerce extérieur, Juan Manuel Santos. Ce ministère vient d'être créé pour servir les besoins d'ouverture commerciale du pays et Santos symbolise la génération des politiciens de demain : il est diplômé de Harvard, passionné par la mondialisation, au fait des économies de pointe. Héritier d'une grande famille colombienne, il a renoncé à la direction du *Tiempo*, le premier quotidien national, pour prendre ce ministère. Il est conscient que la Colombie ne peut plus continuer à vivre repliée sur elle-même, à l'abri de ses frontières, mais que pour embarquer dans le train des échanges elle doit sans tarder adopter les règles internationales. Et l'une d'entre elles en particulier : le respect de la propriété industrielle, c'est-à-dire des brevets. C'est pour mettre en place cette législation que Santos me fait venir.

Je découvre alors l'une des raisons essentielles du retard de la Colombie : parce que nous avons constamment refusé de signer quoi que ce soit en matière de respect des brevets, l'industrie internationale, la recherche et l'innovation nous tournent ostensiblement le dos. Pire, nous avons une réputation de pilleurs, de voleurs. Qu'un produit pharmaceutique apparaisse sur le marché mondial et, au lieu de l'importer légalement, nous le copions. Je visite des garages sordides où, sans aucun contrôle, sans le minimum d'hygiène, on fabrique des médicaments prétendus identiques à ceux des laboratoires d'Europe ou d'Amérique du Nord, mais dont on devine qu'ils doivent plus souvent aggraver les dérèglements, voire tuer, que guérir. Nous avons une mentalité de bricoleurs. Nous jouons aux plus malins sans comprendre que notre irrespect, nos tricheries érigées en système, nous ont privés de tous les fruits de la recherche appliquée à l'industrie. Le résultat, c'est que nos produits « made in Colombie » sont dépassés par rapport à ce qui se fait ailleurs, et donc inexportables.

Dans la foulée, j'entreprends une tournée des pays de la zone Pacifique — Japon, Hong Kong, Corée, Taiwan, etc. — pour comprendre comment ils ont développé leurs échanges internationaux et présenter une image restaurée de la Colombie : soucieuse de jouer le jeu et de se plier à l'éthique commune. Je suis soutenue dans mes efforts par nos meilleurs industriels, les floriculteurs notamment, qui, pour importer de nouvelles souches, des États-Unis et de Hollande en particulier, ont impérativement besoin de cette nouvelle législation. Comme pour conquérir des marchés extérieurs.

Près de deux années passionnantes s'écoulent ainsi. Puis un jour, Juan Manuel Santos me prie de l'accompagner au Conseil des ministres. L'une de mes collègues et amies, Clara, se joint à nous. Santos doit faire une communication et nous sommes là pour l'épauler discrètement. Je découvre le fonctionnement du Conseil et je suis d'emblée bluffée par l'intelligence, la rapidité, l'excellente connaissance des dossiers du président Gaviria. Sur chacun des problèmes à résoudre il pose parfaitement les enjeux, témoignant d'une compréhension précise des mécanismes de l'économie mondiale, d'une immense culture également, et cependant, à l'instant de prendre la décision, il bifurque brutalement d'un raisonnement ambitieux pour se résoudre à un compromis qui me semble médiocre. Clara partage mon impression. Nous avons le sentiment que Gaviria et ses ministres ont une vision claire de ce qu'il faudrait faire mais qu'ils sont soumis à d'obscures pressions, à de secrètes allégeances, qui les poussent chaque fois à reculer pour se rabattre sur des solutions incompatibles avec la modernisation dont nous rêvons.

Clara et moi sortons du Palais présidentiel très troublées et, avant de regagner le ministère, nous entrons dans un café pour prendre un second petit déjeuner. Ce qui nous paraît alors évident, en reprenant le fil des débats, c'est que l'intérêt du pays est constamment rejeté au second plan pour satisfaire les intérêts de gens dont on devine le poids en coulisse.

— C'est atroce, me dit Clara, parce que tout ce que nous proposerons se heurtera toujours aux mêmes lobbies qui ont avantage à ce que rien ne change.

— À moins qu'on décide d'y aller à fond la caisse…

— Comment ça, « à fond la caisse » ?

— Nous ne sommes que des technocrates, Clara. Nous avons le droit, et même le devoir, de suggérer des solutions. Mais regarde, nous n'avons pas le pouvoir de les mettre en œuvre. Nous n'avons aucun pouvoir en réalité. Le véritable pouvoir est entre les mains des politiques.

On se quitte là-dessus. Une semaine plus tard, nous déjeunons ensemble et nous reprenons la conversation là où nous l'avions laissée.

— J'ai bien réfléchi, tu sais, je ne vois pas l'intérêt de continuer à bosser dans ces conditions.

— Tu envisages de passer dans le privé ? Remarque, on gagnerait mieux notre vie…

— Allez, tu sais bien qu'on ne fait pas ça pour le fric ! Non… Et si on se lançait, Clara ?

— Se lancer dans quoi ? Qu'est-ce que tu imagines ?

— Mais dans la politique, bien sûr !

— J'y ai pensé, figure-toi, mais c'est interdit. On ne peut pas travailler au gouvernement comme fonctionnaire et briguer un mandat.

— Tu es sûre ?

— Pratiquement, oui.

— Renseignons-nous. Tu veux bien ?

Cet après-midi-là, nous adressons une longue lettre au Conseil électoral. Clara est directrice d'un département au ministère, moi conseillère technique du ministre. Avons-nous le droit, occupant de telles fonctions, de nous présenter à la députation, par exemple ?

Nous sommes en août 1993, les élections législatives doivent avoir lieu au mois de mars l'année suivante.

Et nous oublions cette lettre.

Un mois plus tard, la réponse tombe : nous sommes autorisées à nous présenter. Mais il y a une condition, non négligeable pour nous qui n'avons pas un sou de fortune personnelle : il faut au préalable démissionner du ministère…

5

— Lance-toi, Ingrid! C'est le moment. Tu as l'expérience du gouvernement et un âge qui te permet d'incarner le renouveau. J'ai toujours pensé que tu étais faite pour ça. Et puis, je ne te ferai pas d'ombre, tu sais : je me retire. Je n'ai plus l'énergie, plus la foi depuis la mort de Galán... Lance-toi!

— D'accord, maman. Mais comment fait-on pour se lancer?

— Écoute, moi c'est particulier, j'étais connue avant de faire de la politique. Je ne sais pas comment on fait. Mais va voir José Blackburn de ma part, c'est un ami, il a toute l'expérience qu'il faut en la matière.

José Blackburn est un puissant industriel de la génération de ma mère. Il a milité dans les rangs galanistes et s'est fait élire député, puis sénateur au nom du Nouveau Libéralisme. Il m'écoute avec sympathie et, comme il pourrait être mon père, il tente d'abord avec délicatesse de m'orienter vers un projet plus raisonnable. Pour tomber de moins haut le jour du scrutin, sans doute.

— Député c'est très dur, Ingrid. Pourquoi ne commencerais-tu pas par entrer au conseil municipal de Bogota ?

— Non, je veux travailler pour le pays, faire changer les choses au sommet, sinon jamais rien ne bougera.

— Tu es très ambitieuse. Très idéaliste aussi... Bon, mais après tout pourquoi pas, tu seras un visage jeune et neuf dans un panorama qui ne se renouvelle pas beaucoup. Et puis tu es une femme, c'est un atout... Écoute, la première chose à faire, c'est de trouver un minimum d'argent pour financer ta campagne. La deuxième, c'est de te dénicher un siège où installer ton état-major. Et la troisième, de rameuter des gens, le plus de gens possible. Alors tu prends ton carnet d'adresses, tu appelles chacun, même ceux que tu n'as croisés qu'une fois, et tu les convaincs de venir t'aider. Il te faut du monde, Ingrid. Seule, tu n'arriveras à rien. Ou alors tu achètes des votes, comme font les autres, mais pour ça il faut du fric...

— Tu perds la tête ! C'est justement pour en finir avec ces méthodes de mafieux que je me lance. Je veux prouver qu'on peut faire de la politique sans avoir besoin d'acheter les gens, de les pourrir...

— Très bien ! Très bien ! Tu as un programme, c'est déjà ça.

Le soir même, je retrouve Clara. Elle et moi avons signé un pacte moral : plonger ensemble ou rien. Pour l'heure, nous nous tenons main dans la main au bord du gouffre. C'est délicieusement vertigineux mais rien d'irrémédiable n'a été commis, nous pouvons encore sagement regagner nos pénates ministérielles.

— De l'argent ? me dit Clara. Eh bien tu ne sais pas, on va

organiser une réunion de travail, comme on a appris à le faire ici : on va inviter les industriels qui nous connaissent depuis l'affaire des brevets et on va jouer cartes sur table. Ils auront sûrement des idées, de toute façon, ça sera un bon test.

Nous organisons notre premier petit déjeuner de candidates potentielles, et nous invitons les dix chefs d'entreprise qui ont été les plus proches de nous au ministère du Commerce extérieur, les floriculteurs notamment. Je sais qu'ils ont apprécié nos qualités professionnelles, ainsi partageons-nous déjà respect et estime.

— Voilà, leur dis-je, cela fait maintenant trois ans que je travaille dans les coulisses du gouvernement. Sur chacun de mes dossiers, j'ai proposé des solutions en ne songeant qu'aux intérêts du pays. Or, invariablement, mes propositions ont été rognées, détournées, voire purement et simplement écartées, comme le plan Pacifique, par ceux-là mêmes que nous élisons pour faire ces réformes : les politiques. La Colombie, le peuple colombien, a aujourd'hui le sentiment d'être impuissant face à ces élus corrompus qui, sous prétexte de prendre en main son destin, le lui ont confisqué. J'envisage de démontrer aux Colombiens que ça n'est pas une fatalité, qu'on peut faire de la politique autrement, et notamment se faire élire honnêtement, comme en Europe, sur ses idées, avec des affiches, des discours, un programme. Je veux dire : sans acheter qui que ce soit et sans se mettre en vente. Bref, j'envisage de démissionner du ministère pour me présenter à la députation. Et j'ai besoin d'argent. Mais il faut que les choses soient claires : je ne donnerai rien en échange du soutien financier. Simplement, je travaillerai à la construction d'une démocratie digne de ce nom. Et ce sera long.

Grand silence. Est-ce qu'il n'est pas illusoire, voire risible, à trente-deux ans, de prétendre réformer seule un système qui a des décennies d'enracinement ? Est-ce que ces hommes, qui pour la plupart ont vingt ou trente ans de plus que moi, vont accepter de m'aider, vont croire en moi ? Certains ont un sourire amusé, incrédule peut-être, mais aucun ne s'est encore levé pour partir. Au contraire, ils semblent se concerter du regard, et les premières questions fusent.

Elles sont extrêmement touchantes parce que, au-delà du scepticisme, on y entend l'envie presque irraisonnée d'y croire, le désir fou que ça marche, qu'on y arrive, en dépit de notre naïveté, de l'extrême faiblesse de nos moyens... Ces hommes rompus aux affaires, à la guerre économique, veulent en réalité par leurs questions nous mettre en garde contre les écueils évidents, les bourdes de débutant, nous mettre le nez sur l'essentiel, vite : comment convaincre les Colombiens de voter pour nous. Nous avons d'autant moins de temps que nous sommes inconnues, cela d'abord les inquiète. Ils nous brutalisent, nous poussent à mieux formuler nos idées et bientôt ce petit déjeuner prend des allures d'examen de passage, de grand oral. Mais à midi notre programme est là, résumé en une profession de foi percutante contre la corruption. Et ces dix hommes, qui en sont les accoucheurs, nous signent dans l'instant, sans que nous en ayons formulé la demande, sans exigences, un chèque qui nous permet de financer l'essentiel de notre campagne. C'est un moment inouï, magique, ils nous ouvrent les portes du monde et ils repartent gravement, comme ils étaient venus. Tout est à faire, mais nous ne sommes plus seules.

Il ne me reste plus qu'à démissionner. Je le ferai en novembre, après avoir bouclé une série de négociations commerciales avec les États-Unis. Je pense que mon ministre va m'encourager. Après tout, lui aussi a des ambitions politiques — il se voit président de la République avant dix ans —, il peut donc imaginer ce qui me passe par la tête. Et c'est une douche froide.

— Mais tu es complètement folle, Ingrid ! Ça n'a aucun sens, ce que tu racontes. Enfin, qui te connaît ? Tu n'auras pas une voix… Tiens, je suis sûr que ton concierge ne sait même pas qui tu es, où tu travailles. C'est grotesque ! D'autant plus que j'ai besoin de toi ici… Réfléchis tranquillement et on en reparle plus tard.

— C'est tout réfléchi, je pars.

Il secoue la tête d'un air sincèrement désolé.

— Après tout, si tu veux aller au casse-pipe, ça te regarde… Je vais quand même faire quelque chose pour toi : au lendemain des élections, je te reprends au ministère, comme ça tu ne seras pas au chômage.

— Au lendemain des élections, je serai député.

— C'est ça, c'est ça. Nous en reparlerons.

Je n'en suis pas si sûre en réalité, mais je ne me pose plus la question. Il me reste quatre mois pour tenter de gagner et de ces quatre mois il faut soustraire la période des fêtes de fin d'année, qui équivaut en Colombie aux vacances d'été en Europe. C'est dire que nous n'entrerons en campagne qu'après le 15 janvier. Alors je disposerai en tout et pour tout de huit semaines…

Bon, mais après l'argent, le siège. « Dénicher un siège », disait l'ami de ma mère. Il y a urgence, en effet, il faut qu'à la rentrée de janvier nous ayons pignon sur rue. Clara et moi arpentons en voiture la calle Séptima, une des artères principales de Bogota, en quête d'un improbable local. Enfin, un après-midi, scrutant les lieux pour la centième fois, nous tombons en arrêt devant un de ces palais décrépis et fastueux importés de Louisiane au siècle dernier et qui a survécu à la vague de démolition des années soixante-dix. Cet hôtel particulier à fronton de colonnades est maintenant vide. Nous nous garons.

— Cette maison ? nous dit un ouvrier. Elle est au notaire qui habite la rue juste derrière.

Eh bien, allons voir ce notaire ! Nous rêvons ? Oui, mais pourquoi pas ? L'étude est très ancienne, sombre, et elle grouille de monde.

— Est-ce que nous pourrions voir le notaire ?

— Qui dois-je annoncer ?

— Ingrid Betancourt. Nous ne lui prendrons qu'une minute.

Après un moment, on nous fait entrer. Des pyramides de papiers jaunis et, faiblement illuminé au fond de la pièce, le visage également parcheminé d'une vieille femme penchée sur ses dossiers. Elle me laisse parler et, sèchement :

— Cette maison n'est pas à louer, madame.

— Je comprends, on nous a dit que vous souhaitiez y transférer vos bureaux. Mais nous pourrions vous financer, par exemple, une partie des travaux…

— N'insistez pas, je suis désolée.

— Écoutez, pour nous ça serait tellement inespéré ! On se lance dans la course au Parlement… Vous ne voulez pas nous aider un peu, vraiment ? Il ne s'agit que de trois ou quatre mois.

Alors nous l'entendons rire.

— Tu ne serais pas une Betancourt, toi, par hasard ? Il s'appelle comment ton père ?

— Gabriel.

— Ah, je m'en doutais, tu es la fille de Gabriel… Eh bien, tu sais quoi ? Moi aussi j'ai fait de la politique, avec Dolly…

— La sœur de papa ?

— Exactement. Ta tante Dolly. Tiens, viens voir par là...

Et elle me montre une photo où je reconnais Dolly et, à sa droite, elle, menue et jeune à l'époque. Elles portent toutes les deux l'uniforme bleu du Parti conservateur. Dolly, disparue depuis, qui m'avait câlinée enfant et dont je conserve un souvenir doux et lointain... Dolly s'était fait élire sénateur, dans les années soixante.

— Qu'est-ce que tu vas faire dans cette galère? m'apostrophe-t-elle. C'est difficile, tu sais... Surtout pour une femme.

J'explique. Je dis qu'on ne se résigne pas, qu'on ira jusqu'au bout, contre la corruption, contre la mainmise de la mafia sur les institutions, sur la démocratie, jusqu'au bout.

Elle écoute. Sourit, presque tendrement.

— Bon, je vais faire quelque chose pour toi, pour le pays aussi. Au nom de la solidarité entre femmes. Tu as cette maison. Allez, va! On parlera d'argent plus tard.

En sortant de l'étude ce jour-là, sur le trottoir, on se sent le cœur explosé, on a envie de hurler de rire et de pleurer, et on se dit que si on a cette maison, il est impossible qu'on ne soit pas élues. Impossible! Cette vieille dame magnifique croit en nous au point de nous faire ce cadeau, dix industriels remarquables nous font confiance au point de mettre la main au portefeuille... Cela s'appelle avoir la grâce, non? Clara et moi nous étreignons et des automobilistes éberlués klaxonnent...

Une heure plus tard, nous parcourons fébrilement notre nouveau palais. Deux salons au rez-de-chaussée capables d'héberger chacun au moins une centaine de personnes pour nos réunions publiques, une bonne quinzaine de bureaux dans les étages... Nous n'en voulons qu'un pour deux, sinon nous allons perdre l'habitude de nous parler, ici nous installerons notre futur(e) attaché(e) de presse, ici la comptabilité, ici le

standard téléphonique… Oui, oui, mais en attendant les pièces
sont vides ! Il nous faut des centaines de chaises, des armoires,
des lampes, des bureaux… Et il est inimaginable d'acheter tout
ça, notre budget y suffirait à peine. Le bottin téléphonique,
vite. Tiens, regarde, fabrique de meubles, et c'est tout à côté,
allons-y tout de suite…

L'homme a la mine austère du vieux charpentier qui en a
vu d'autres, que notre excitation ne trouble pas le moins du
monde.

— Laissez-moi votre adresse, je passerai demain.

Il n'a dit ni oui ni non. Même pas un sourire. A-t-il compris au moins qu'on n'avait pas de quoi payer ?

Le lendemain soir, il arpente nos salons, nos étages.

— Un château comme ça pour une campagne électorale,
bougonne-t-il, ça coûtera très cher…

Il sourit et, comme s'il voulait prolonger le conte de fées :

— Bon, je veux bien vous passer de quoi meubler ça en
location pour un prix, disons… très intéressant. Mais à une
condition : pour chaque meuble abîmé, vous paierez la répa-
ration.

Peut-être que mon concierge en effet ne sait rien de moi,
peut-être que nos électeurs potentiels se comptent encore sur
les doigts d'une main, n'empêche qu'à la veille des grandes
vacances de Noël nous disposons sûrement du plus beau siège
de campagne de tous les candidats. Un mois plus tard, je
constaterai d'ailleurs que le siège du Parti libéral, le propre
parti du président de la République, n'arrive pas à la cheville
du nôtre…

Puis nous partons en vacances. À l'instar de l'Europe au
mois d'août, la Colombie se retrouve en décembre sur le sable
chaud des plages de l'Atlantique. Pour moi c'est Carthagène,
avec Mélanie et Lorenzo. Leur père habite Bogota depuis

maintenant plus de deux ans, nous sommes sortis des souffrances consécutives au divorce et les enfants ont appris à vivre
tantôt chez Fabrice, tantôt chez moi. Ces vacances, nous les
espérions avec impatience car j'avais eu peu de temps pour
souffler au ministère du Commerce extérieur.

Soudain, un matin comme les autres, alors que je prépare
le sac de plage, distraitement bercée par la radio, je capte cette
information extravagante : « C'était hier le dernier jour des ins-
criptions pour les candidats au Parlement. Les listes désormais
closes, etc. » Mon Dieu, mais quelle inscription ? Il y avait donc
à s'inscrire pour être candidat ? Une panique effroyable me saisit. Non, c'est impossible, nous n'avons pas fait tout ça pour
rien !... Remuer ciel et terre, solliciter ces gens formidables
pour finalement devoir renoncer parce que nous n'avons pas
rempli un formulaire ! Vite, appeler Clara. Mais Clara est en
vacances je ne sais où, injoignable. Alors l'administration, à
Bogota. Eux sauront me dire... Enfin, c'est incroyable, pourquoi est-ce que personne ne nous a prévenues, même pas
maman... Et le téléphone qui sonne dans le vide... Pourquoi
est-ce que personne ne décroche à Bogota ? Pourquoi...

— C'est peut-être parce qu'on est samedi, maman...

— Mais naturellement, Mélanie. Naturellement. Tout est
fermé. Je perds la tête, pardonne-moi, mais tu sais...

Mélanie ne sait pas, non. Elle a huit ans et voudrait bien
partir pour la plage.

Je passe alors un des week-ends les plus pénibles de mon
existence, à me figurer tous les scénarios possibles, à nous imaginer défaites, recalées avant même d'avoir commencé. C'est
pitoyable. Ridicule.

Enfin, le lundi, l'espoir renaît : devant les protestations, ici
et là, le délai d'inscription vient d'être prolongé de quinze
jours.

Inoubliable inscription, riche d'enseignements encore. La première chose à faire est de décrocher l'accréditation d'un parti. En Colombie, on est soit conservateur, comme mon père, soit libéral, comme ma mère. Idéologiquement, la différence est mince. Dans la pratique, les deux partis comptent un nombre équivalent de corrompus. Maman demeurant une personnalité du Parti libéral et ce dernier affichant traditionnellement de plus grandes préoccupations sociales, je choisis de briguer là mon investiture. J'imagine qu'on va me soumettre à un examen de passage sévère et je m'y prépare. Maman m'a promis d'être présente pour me faciliter les choses. Or, rien ne se passe comme je l'avais prévu. Nous tombons dans un désordre inextricable. Des gens dans tous les sens qui se bousculent, s'interpellent, rigolent, s'engueulent... Le bureau du secrétaire général ? La porte ouverte, sur la gauche. Il est là, dans un tournis permanent. Ma mère veut expliquer, me présenter, et lui, grossier, odieux :

— Très bien, très bien, voilà l'accréditation.

Et déjà, il parle à un autre. Ni bonjour ni au revoir. Alors, je comprends que cette investiture, il la donne à celui qui la demande, n'importe qui, sans poser une question, sans la moindre profession de foi du candidat qui va courir sous les couleurs du parti.

Tout cela me paraît bien folklorique, et pourtant je suis fière de devenir membre à part entière de cette formation.

Reste à se porter officiellement candidates sur les fameuses listes. Clara et moi y allons ensemble le lendemain, chacune flanquée d'un témoin comme c'est la règle (maman encore pour moi).

Et là, nous percevons la profondeur du gouffre qui nous sépare des autres candidats. Car tandis que nous nous présentons, d'autres débarquent, et eux sont à la tête de véritables cortèges : foisonnement de banderoles brandies par des militants survoltés, au torse ceint du tee-shirt à l'effigie du candidat, fanfare, nuées de photographes, de cameramen… Et nous ? Misérables… Même pas un badge à la boutonnière ! S'il fallait un électrochoc pour nous faire prendre conscience du retard abyssal qu'il nous reste à combler, c'est gagné, l'électrochoc a bien lieu.

Clara et moi sortons de là fébriles et abasourdies. Nous sommes à la mi-janvier et nous n'avons pas un slogan, pas une affiche… Alors je me rappelle avoir sympathisé avec un jeune publicitaire lorsque, au côté de maman, j'avais participé à la campagne électorale du futur président Gaviria. Comment s'appelait-il ? Ah oui, German Medina. Rendez-vous est pris pour le lendemain, il n'y a plus un jour à perdre.

— Je vais t'aider, Ingrid, on parlera d'argent plus tard. Mais où est ton programme ? Je ne peux rien concevoir sans ton programme.

— Il tient en quatre mots : lutter contre la corruption.

— D'accord, mais tu te présentes à Bogota, il faut dire ce que tu souhaites pour la capitale.

— La construction du métro qu'on attend depuis un demi-siècle, la protection de l'air qu'on respire, l'un des plus pollués de la planète, et une politique d'aide à la famille, aux enfants… Mais rien de tout ça ne sera possible tant que la corruption absorbera la moitié des budgets. Trouve-moi un truc, quelque chose qui symbolise mon combat contre cette gangrène.

Deux jours plus tard, German nous apporte… un préservatif ! Clara est scandalisée, et moi… séduite. Dans l'instant, je perçois combien ce symbole est porteur, précisément parce qu'il choque, parce qu'il est impossible d'y être indifférent. Voter pour nous, c'est d'une certaine façon mettre un préservatif, en termes politiques. Nous sommes en 1994, en pleine expansion du sida ; avec le préservatif, l'analogie entre corruption et sida est donc immédiate. Oui, j'accroche complètement.

— C'est une idée géniale, German ! Formidable ! C'est oui, trois fois oui ! Vas-y !

Il a ébauché notre affiche, déjà : ma photo à côté d'un préservatif, et ce slogan : « La meilleure pour nous préserver de la corruption ».

Alors une idée me traverse l'esprit.

— Et tu sais quoi ? Je vais distribuer des préservatifs… Dans la rue. Sur le modèle des campagnes contre le sida. La corruption est le sida des Colombiens, un autre sida, en plus du vrai qui ne nous épargne pas.

J'avais suivi le conseil de l'ami de ma mère et appelé tous les noms de mon répertoire. Je rappelle ces gens, prêts à m'aider pour la plupart, et je leur dis : « Rendez-moi un service, apportez-moi des préservatifs. J'ai besoin de centaines, de milliers de préservatifs. Vous comprendrez plus tard, faites-moi confiance. »

Je m'installe aux feux rouges et je frappe aux portières côté conducteur.

— Je m'appelle Ingrid Betancourt, je suis candidate au Parlement et je crois que la corruption c'est en politique l'équivalent du sida. Tenez, je vous offre ce préservatif, comme ça vous penserez à moi le jour du scrutin.

Et les gens adhèrent, choqués certainement, mais troublés, dérangés. Les femmes : « C'est vrai ce que vous dites, vous êtes courageuse. » Les hommes, tantôt intimidés, tantôt goguenards : « C'est sûr qu'avec ça on n'est pas prêts de vous oublier. »

Seulement, très vite, mon père l'apprend et c'est le drame. Il m'appelle un soir à la maison, bouleversé.

— Un de mes amis t'a vue, au carrefour, Ingrid. Tu n'as pas le droit de me faire ça... Ma propre fille distribuant des... des... C'est indigne, dégradant... Comment peux-tu?... Tu me fais honte, Ingrid...

Et ma mère, dont j'espérais des mots de réconfort :

— Ton père est blessé, profondément blessé, et au fond je le comprends. Tu fais la campagne que t'inspirent ton âge, ta fougue, mais c'est ignoble de distribuer ces trucs, que veux-tu que je te dise...

Le surlendemain de ce petit séisme familial, je suis invitée à un de ces dîners destinés à me faire connaître des journalistes. C'est d'ailleurs l'un d'entre eux, un certain Luis Enrique dont on reparlera et que je viens d'embaucher comme attaché de presse, qui m'a organisé cette réception. J'y arrive encore secouée par les mots de papa. Il y a là Felipe López, le directeur de *Semana*, le grand hebdomadaire colombien. Sent-il que je ne suis pas au mieux de ma forme? En tout cas, c'est lui qui me tend la main.

— Alors, comment se passe cette campagne?

— Plutôt mal à vrai dire. Mon père ne supporte pas que je distribue des préservatifs aux carrefours...

Il éclate de rire. M'interroge, me réconforte. De son point de vue, ce n'est qu'un conflit de générations, car sur le fond l'idée lui semble excellente pour interpeller les Colombiens.

La semaine suivante, une notule paraît dans la rubrique « Confidentiel », la plus lue de *Semana*. Il y est écrit que je mène une campagne offensive et moderne qui choque profondément « le papa d'Ingrid, l'ancien ministre Gabriel Betancourt. »

D'un seul coup, les médias découvrent qu'une jeune femme de trente-trois ans, fille de ministre, ose distribuer des capotes contre la corruption dans les rues de Bogota. Et c'est la ruée, la télévision me filme en pleine action, ma photo paraît dans tous les journaux. D'anonyme, je deviens un phénomène. On me reconnaît dans la rue, je n'ai plus besoin de frapper aux portières, on baisse la vitre et on me sourit...

Maman me rappelle.

— C'est incroyable, ton père commence à trouver ton histoire de préservatifs plutôt amusante. Certains de nos amis vont même jusqu'à dire que c'est intelligent, que tu fais réfléchir les gens...

Ils croyaient être déshonorés, ils se retrouvent au contraire admirés, secrètement fiers de mes initiatives « scandaleuses ».

Il m'arrive à ce moment-là une chose tout à fait inespérée : la star de la télévision colombienne, Yamid Amat, m'invite au grand journal du soir. J'ai très peur, je sais que c'est une chance unique et que si je rate mon passage, je suis vouée aux oubliettes. Et je m'attends au pire, car Yamid Amat tient à sa réputation d'interviewer implacable.

— Personne ne vous connaît en Colombie, commence-t-il. Dites-nous qui vous êtes et pourquoi vous briguez un siège de député.

— Je veux lutter contre la corruption.

Et là, je le vois étouffer un fou rire, ostensiblement.

— Lutter contre la corruption ? Mais qu'est-ce que vous allez faire contre la corruption ?

— Dénoncer les corrompus depuis la tribune du Parlement.

— Ah bon ! Parce que vous en connaissez, vous, des gens corrompus au Parlement ?

— J'en connais beaucoup, oui. Et j'imagine que vous aussi.

— Exact, rétorque sèchement Yamid Amat, mais moi je ne dirai pas leurs noms. Êtes-vous capable, vous, de les dénoncer ?

— Oui.

Et là, je balance les cinq noms qui me viennent à l'esprit. Les cinq politiciens les plus corrompus à mes yeux.

Yamid Amat est abasourdi. Il marque un temps d'arrêt et, changeant brusquement de ton :

— Cette histoire de préservatifs, les Colombiens sont choqués, vous savez...

Je fais mon discours de campagne et nous sortons.

Luis Enrique, mon attaché de presse, est enthousiasmé par cette dernière partie sur les préservatifs. Comme l'émission n'est pas en direct, il est persuadé qu'Amat va couper ma dénonciation nominative «qui équivaut à une condamnation à mort pour toi, Ingrid». Nous rions.

J'appelle mes parents et tous ceux qui me soutiennent pour qu'ils ne ratent pas le journal ce soir-là. Puis je me plante devant ma télévision. Et là, stupeur : Amat n'a conservé que ma dénonciation ! C'est une bombe ! J'en reste moi-même interdite, sidérée. Pas longtemps, car dans les vingt secondes la sonnerie du téléphone retentit.

— Tu as été formidable, Ingrid ! Formidable ! Mais tu vas te faire descendre. Tu ne te rends pas compte que ces types sont des criminels...

Des dizaines de coups de fil élogieux, mais affolés, et, au milieu de ce déferlement, la voix belle et grave d'un homme unanimement respecté en Colombie, Hernán Echavarría, grand industriel, ancien ministre des Finances :

— Ingrid, je viens de t'entendre ! Je suis avec toi et je veux t'aider. As-tu besoin d'argent ?

Évidemment, j'ai besoin d'argent. À cette date, nous n'avons plus un sou, tout est parti en affiches.

— Oui.

— Combien veux-tu ?

— Je ne sais pas... Cinq millions.

Et je pense : c'est de la folie, il va me raccrocher au nez.

— Je t'envoie le chèque demain matin.

À ce moment de ma campagne, le Parti libéral désigne son candidat à l'élection présidentielle : Ernesto Samper. Le scrutin pour la magistrature suprême se tient deux mois après les élections législatives. Ma mère me pousse alors à reprendre contact avec le Parti libéral où je n'ai pas remis les pieds depuis le jour où je suis allée chercher mon accréditation. J'ai mené campagne sans aucun soutien de sa part, sans même le consulter sur mes slogans.

— Allons au moins saluer Samper, me propose maman. C'est un ami et il a sûrement des conseils à te donner.

Des conseils, Samper ? Je n'attends rien de lui, son cynisme et son irresponsabilité sont trop frais dans ma mémoire. Mais je ne dis pas non. Samper a toutes les chances d'être président de la République et si je suis élue, je serai forcément amenée à travailler avec lui.

On le retrouve dans cette ambiance folle des campagnes où des gens surexcités courent en tous sens, égal à lui-même, léger, gentil, insouciant, rigolard. Et, d'emblée, il se fiche de moi :

— Tu ne penses tout de même pas que tu vas te faire élire en distribuant des capotes ! Ingrid, voyons ! Si c'était ça la politique, n'importe qui se retrouverait au Parlement...

Il rit, tourbillonne.

— Ernesto, Ingrid se lance, conseille-la, sois sérieux...

— Elle se fait la main, Yolanda, c'est très bien. Rien de mieux pour apprendre le métier que de se ramasser une bonne gamelle. Aide-la, toi. Vas-y ! Tiens, je vous imagine bien toutes les deux... Ah ! Ah ! Ah ! Mais ne comptez pas sur moi pour vos distributions de capotes... Au fait, tu rajeunis tous les jours, ma chère Yolanda !

Et il nous raccompagne, l'esprit ailleurs brusquement.
Maman est vexée, blessée.
— Il a été odieux.
— Qu'est-ce que tu voulais qu'il nous dise ? C'est évident que pour lui je n'ai aucune chance, il ne conçoit pas une élection sans acheter les voix ! Il ne peut pas comprendre que je parie sur la confiance des Colombiens, sur leur civisme, sur leur désir de démocratie. Il est persuadé que tous sont corruptibles, vénaux. Pour lui, tout est une affaire de fric. Je vais lui prouver qu'il se trompe. Tu verras, un jour, c'est lui qui viendra me chercher, qui aura besoin de moi...

Ça s'annonce mal, il pleut sur Bogota le jour du scrutin. La pluie est un ennemi de la démocratie, on le sait. Elle décourage les gens libres d'aller voter, tandis qu'elle n'a aucune influence sur ceux qui ont touché de l'argent pour s'exprimer : ceux-là iraient à genoux sans quoi le châtiment s'abattrait sur les leurs. Clara, qui a une formation d'avocate, a merveilleusement organisé les choses : nous avons des gens à nous dans chaque bureau de vote, des gens formés par elle à détecter les fraudes et prévenus des initiatives juridiques à prendre immédiatement. Quant à moi, j'ai choisi de porter des sandwichs à tous ces bénévoles, ce qui me permet de soutenir leur moral et de prendre un peu le pouls de l'électorat. Dans les quartiers sud de la ville ce sont les enfants de maman, devenus adultes, qui veillent sur nos intérêts. Et là, c'est le monde à l'envers, ce sont eux qui m'encouragent, m'embrassent, me font une fête incroyable. J'en suis d'autant plus émue qu'ils savent qu'ils n'auront rien en échange de leur soutien, tandis que leurs voisins de rue qui votent pour mes concurrents ont reçu l'assurance d'un petit emploi, d'une enveloppe, d'un passe-droit...
Seize heures, fermeture des bureaux de vote. Je rentre au

siège. Clara est là, déjà. Nous nous enfermons dans notre bureau, allumons la radio et demeurons prostrées, incapables d'échanger un mot. Mes parents, constamment absents de ma campagne, ne se sont pas déplacés. Plus généralement, c'est le vide autour de nous, comme si chacun attendait chez soi pour éviter de transmettre son angoisse aux autres. Des centaines de candidats viennent de s'affronter durant des mois pour les dix-huit sièges de député de Bogota. Clara et moi étions deux voix minuscules dans ce concert de bonimenteurs prêts à tous les trafics, tous les arrangements, pour accéder au Parlement. Nous a-t-on entendues ? Cela nous paraît soudain très improbable. Si nous n'étions pas si nerveuses, nous en plaisanterions.

Dix-sept heures trente, les premières estimations tombent. Des noms s'égrènent et là, stupeur : le mien, en cinquième position, parmi les dix-huit candidats les mieux placés. Je crois que nous hurlons. Oui, nous sommes debout et nous hurlons : « Mais c'est pas possible ! C'est pas possible ! Ils se fichent de nous, ou ils se trompent… Ingrid Betancourt ! Ingrid Betancourt ! »

Nous répétons et nous crions mon nom comme s'il était celui d'une autre. Mais non, c'est le mien, c'est bien le mien. D'ailleurs, le journaliste est aussi sidéré que nous. Il dit que je suis la surprise du scrutin, la grande surprise, et il est un peu sec car il n'a aucune fiche à mon propos. Je n'étais pas parmi les favoris, on ne sait presque rien de moi. C'est qui celle-ci ? d'où sort-elle ? Alors les téléphones commencent à sonner autour de nous. Les fidèles dont le bonheur explose. Ils rient, ils pleurent, ils arrivent, le temps de ramasser tout ce qu'ils ont à boire chez eux. D'autres appels aussi, par dizaines, et bien sûr les journaux qui vont devoir écrire le portrait d'une femme dont ils ne savent rien si ce n'est qu'elle a osé offrir des préservatifs contre la corruption.

La stupeur tourne à la folie quand on annonce que j'ai réussi le meilleur score du Parti libéral. Comment croire à ce miracle? Moi qui n'ai rien reçu de ce parti, je suis sa candidate la mieux élue de Bogota. C'est la plus belle victoire de ma vie, car c'est la plus riche d'espoirs. Et c'est ce que je dis aux journalistes ce soir-là : «Nous venons de prouver que la Colombie est mûre pour en finir avec la corruption. Elle a choisi l'éthique, la démocratie, contre la vénalité. Elle a clairement tourné le dos à cette classe politique qui ne la respecte pas, qui la trompe et la pille depuis des décennies. Cette classe politique qui n'a pas cru un instant à ma victoire et qui désormais va devoir faire avec moi.» Avec moi seule, malheureusement, car Clara, elle, n'est pas élue.

Cette nuit-là, nos amis, nos soutiens affluent de partout. Et ce siège démesuré, magnifique, que nous n'étions jamais parvenues à remplir durant la campagne, déborde enfin d'une foule qui exulte. Mes parents et Astrid arrivent, resplendissants. Enfin Fabrice, portant Lorenzo sur un bras pour qu'il ne se fasse pas piétiner, et tirant Mélanie de l'autre. Quatre années se sont écoulées depuis notre rupture, depuis mon départ de Los Angeles. J'avais pris le risque de semer le malheur dans ma vie privée pour reconquérir mon identité de Colombienne. La Colombie vient de m'ouvrir grand ses bras, et les miens accourent, un peu éberlués par ce qui m'arrive, mais aimants, fidèles, complices.

6

Je ne suis pas élue député depuis huit jours que le candidat
à la présidence de la République, Ernesto Samper, m'appelle.
Il veut me voir d'urgence. Le ton n'est plus rigolard, mais chaleureux, avenant, et au nom du Parti libéral qui ne m'a pas
adressé un mot de félicitations, lui me congratule chaudement.
Je pense à maman, Samper sera venu me chercher plus vite
qu'elle ne l'aurait imaginé.

Cette fois, il me reçoit avec les honneurs, mes distributions
de capotes ne le font plus hurler de rire. A-t-il senti qu'un vent
nouveau se lève dont il pourrait faire les frais ? Sûrement. Et
c'est bien sûr pour se garder du côté de la morale qu'il a besoin
de moi. Le scrutin présidentiel se tient dans deux petits
mois — c'est le délai qu'il lui reste pour prouver aux Colombiens qu'il n'est pas seulement un habile politicien, mais qu'il

est porteur d'une déontologie qu'il est grand temps... d'inventer.

— Ingrid, le Parti libéral a absolument besoin d'un code d'éthique. Je vais donc constituer dans les vingt-quatre heures une commission chargée de le rédiger. Il va sans dire que je tiens à ce que tu y figures...

Je vois dans cette proposition le moyen inespéré d'imposer ma marque et j'accepte. Pour Samper, ma venue est purement électoraliste, je m'en doute bien, mais j'espère le prendre à son propre jeu sous le regard des Colombiens qui m'ont élue.

La « Commission de rénovation libérale », vitrine du candidat Samper, comprend dix membres choisis parmi les plus brillants, les plus jeunes et les mieux élus du Parlement. Dès sa première réunion, il m'apparaît que ces gens, ravis et flattés d'être là, n'ont évidemment aucunement l'intention de travailler. Comme souvent en Colombie, l'effet d'annonce tient lieu de programme, le peuple croit que les choses vont changer, et puis l'on découvre quelques années plus tard que la fameuse commission, installée dans un grand tapage, n'a pas produit une idée, et qu'il faut donc tout recommencer. D'ailleurs, dès la deuxième réunion, nous ne sommes plus que deux : un jeune fonctionnaire du parti, plutôt réservé, et moi-même. Tant pis, tant mieux, nous perdrons moins de temps en palabres et, en ce qui me concerne, je me mets au travail.

Durant un mois, je rédige article par article, chapitre après chapitre, un véritable code d'éthique. Le point d'orgue en est naturellement la réglementation stricte des financements. De mes voyages dans les zones de contrebande, j'ai retenu que les élus sont financés par la mafia pour servir ses intérêts et je me retrouve en effet aujourd'hui à siéger au côté de députés qui sont les plus célèbres contrebandiers de Maicao. De ma campagne électorale, j'ai retenu que certains candidats mènent des campagnes à six cents millions de pesos, tandis que d'autres, comme moi, se débrouillent avec vingt millions. J'impose la transparence des comptes pour chaque candidat accrédité par le parti et, bien consciente que les principes ne pèsent pas lourd en Colombie, je prévois des sanctions draconiennes pour les fraudeurs, notamment l'exclusion définitive du parti. Bref, aux termes de mon code, seuls les élus financés par de l'argent propre et officiellement déclaré pourront revendiquer leur appartenance au Parti libéral.

Reste à faire adopter ce texte par la commission. Et là, c'est le tollé. Certains sont dépités et jaloux de n'avoir pas participé à l'élaboration d'un code auquel la presse s'intéresse brusquement — pour une fois qu'une commission accouche de quelque chose! Mais surtout, la plupart sont paniqués parce qu'ils imaginent déjà les sanctions qui vont leur tomber dessus si ledit code devient la loi du parti. Durant deux semaines, la commission se réunit tous les jours et, miracle! pas un membre ne manque. J'assure seule au début la défense de mes principes, bientôt rejointe par un homme de poids, Humberto de la Calle, appelé à devenir le vice-président d'Ernesto Samper. De la Calle n'est pas un enfant de chœur en politique, je le découvrirai plus tard, mais il est capable d'une grande rigueur intellectuelle et, en l'occurrence, il adhère à mon souci de transparence. Même s'il profite du système, il pense qu'il faut le réformer parce que la Colombie y perd son âme et que ce code est une occasion à ne pas rater. Se doute-t-il qu'il va devenir rapidement une arme, en forme de boomerang, contre Samper lui-même? C'est probable. Mais en ce qui me concerne, je n'imagine pas encore que les narcos financent largement la campagne du futur président...

Mon code est à peu près sauvé, grâce à Humberto de la Calle, et vient le moment de le présenter à Samper. À mon grand étonnement, et bien que l'homme me soit maintenant familier, je le vois donner son accord sans même prendre la peine de survoler les articles.

— Formidable! Extraordinaire! s'écrie-t-il. C'est exactement ce dont le parti avait besoin! Le peuple colombien...

Et, frappant du plat de la main un texte qu'il n'a pas ouvert, il se lance dans une tirade grandiloquente sur la confiance, la limpidité, sa nouvelle croisade à quelques jours du scrutin. L'éthique vient d'entrer dans son discours.

Une conférence de presse est convoquée pour le lendemain. Tout l'état-major du Parti libéral, ministres et anciens ministres, se presse derrière le candidat. « Samper lance le code d'éthique du Parti libéral », titrent les journaux. L'impact dans la population est considérable, à n'en pas douter, d'autant que les sanctions sont scrupuleusement déclinées. Les journalistes rendent compte de l'allocution d'ouverture d'Ernesto Samper. Ils ne mentionnent pas que le candidat s'est éclipsé avant le feu des questions, laissant à Humberto de la Calle le soin d'y répondre. Lui en aurait été bien incapable.

Ma réputation m'a précédée à la Chambre des députés. Je suis celle qui a balancé à la télévision les noms des cinq parlementaires les plus corrompus, la « scandaleuse » des capotes anglaises, l'auteur du code d'éthique du Parti libéral (les journaux, ne s'y trompant pas, parleront régulièrement du « code d'Ingrid »), et malgré cette intransigeance, ou à cause d'elle, la mieux élue. On me bat froid, on m'évite dans cette assemblée où chacun a bien profité de toutes les ficelles du système pour se faire élire. Pourtant, un jour où je suis assise seule comme d'habitude dans un coin de l'hémicycle, un type à l'aspect un peu loufoque m'aborde. Il est costaud, moustachu, avenant, et il porte des bagues à tous les doigts.

— Guillermo Martínez Guerra, se présente-t-il, je suis un ancien pilote de l'armée de l'Air, nouvellement élu, comme toi. Ici les gens sont curieux, n'est-ce pas ? J'ai remarqué que tu ne les fréquentais pas beaucoup, toi non plus… Écoute, je fais une petite fête chez moi le week-end prochain, viens, j'aimerais qu'on se connaisse mieux. Il y aura quelques esprits indépendants dans notre genre.

Je me dis en moi-même, je vais y aller, oui, ne serait-ce que pour avoir deux ou trois personnes à saluer dans l'hémicycle, parce que c'est assez déprimant de les voir tous détourner le regard à mon arrivée et changer discrètement de place pour ne pas être aperçu près de moi.

En fait de fête, ils ne sont que deux, outre Guillermo Martinezguerra notre hôte. Il y a là une femme dont j'avais en effet repéré l'indépendance d'esprit, l'ostentation aussi, María Paulina Espinosa, qui va devenir ma seule amie au Congrès. Et puis un homme réputé pour son intransigeance morale, Carlos Alonso Lucio, connu pour avoir appartenu au M 19, le mouvement de guérilla le plus attaché à l'établissement d'une véritable démocratie.

Nous nous retrouvons donc à quatre autour d'une table pour déjeuner. À un moment de la conversation, Guillermo Martínez Guerra évoque un monumental contrat d'achat de fusils que le gouvernement colombien serait sur le point de conclure avec l'État d'Israël. Contrat tordu, pour des fusils dépassés et inadaptés, baptisés « Galil », mais contrat qui rapporterait à ses signataires de confortables pots-de-vin.

— Enquêtons, et s'il s'agit effectivement d'une affaire de corruption, organisons un débat à la Chambre sur ce thème, propose Lucio. Il faut très vite signifier aux Colombiens qu'ils ne nous ont pas élus pour rien, que les choses vont changer.

C'est en effet notre avis et nous sommes tous en mesure

d'obtenir rapidement des renseignements fiables. Lucio, parce que la guérilla dont il est issu connaît parfaitement les fonctionnements pervers de l'armée colombienne. Guillermo Martínez Guerra, parce qu'il a conservé des contacts au plus haut niveau avec la hiérarchie militaire. María Paulina, parce que son mari vend des hélicoptères à l'armée et qu'elle est elle-même réserviste. Enfin moi, parce que je possède un ami bien placé dans le commerce des armes, Camilo Ángel. Son père est le représentant de la marque américaine Colt en Colombie, et c'est chez lui que j'ai rencontré Felipe López, ce fameux journaliste qui a fait connaître ma stratégie des préservatifs. Je pense pouvoir compter sur lui pour m'éclairer sur cette affaire des Galil.

Et je me trompe. Camilo refuse de me donner des renseignements précis, tout simplement parce que Colt a été écarté au profit des Galil et qu'il ne s'estime donc pas « objectif », il ne me dit qu'une chose : « Allez-y, fouillez, c'est un contrat pourri, catastrophique pour la Colombie. »

Alors nous décidons d'exiger du ministère de la Défense tous les documents relatifs à ce contrat, comme notre position de parlementaires nous en donne le droit, et là nous découvrons le pot aux roses : la Colombie achète aux Israéliens une vieille usine clés en main de fabrication de Galil. Eux se modernisent, et ils n'ont manifestement trouvé que l'armée colombienne, moyennant des dessous-de-table, pour se débarrasser d'un matériel complètement obsolète. Il y a pire : le Galil est un fusil conçu pour le désert, il est avéré qu'il s'enraye avec l'humidité et ne résiste pas au climat tropical. En équiper nos soldats est donc suicidaire alors que la guérilla, elle, possède un armement moderne et parfaitement adapté.

Forts de ces informations, nous tenons notre première conférence de presse. Les journalistes accourent, l'impact est énorme. «Quatre députés dénoncent un cas de corruption extraordinaire», titrent les journaux du lendemain. On nous baptise «Les quatre mousquetaires de l'anticorruption». Nous incarnons en somme, comme nous le souhaitions, comme nous l'avions promis à nos électeurs, une génération nouvelle en rupture avec les méthodes vénales de la vieille classe politique.

Mais notre objectif est d'aller plus loin, de frapper plus fort, en organisant un grand débat parlementaire sur cette affaire dont tout le peuple serait témoin. Et comme le contrat de Galil a été engagé par le gouvernement précédent, nous avons la naïveté de croire qu'Ernesto Samper, qui vient d'être élu chef de l'État, et ses ministres nouvellement nommés, n'auront qu'une hâte : nous soutenir, pour prouver à la nation que les temps ont changé. N'est-ce pas Samper qui a initié, puis tapageusement «vendu» au pays le nouveau code d'éthique du Parti libéral ? Et, comble de chance, le nouveau ministre de la Défense, Fernando Botero, est quelqu'un de bien. Du moins je le crois. Il est le fils du peintre Botero, l'ami de mes parents.

D'ailleurs, il me reçoit chaleureusement.

— Ingrid, je suis scandalisé par ce que tu me racontes. Je n'en savais rien, je découvre, c'est très grave. Je vais immédiatement réclamer l'ouverture d'une enquête. Tu peux compter sur moi, je serai à ton côté pour dénoncer ce scandale.

Dans notre esprit à tous les quatre, alors, ce grand débat parlementaire que nous préparons s'annonce sous les meilleurs auspices.

Or, très vite, la presse, qui nous était favorable, commence à changer radicalement de ton à notre égard. On prétend que Lucio et Guillermo Martínez Guerra s'intéressent à ce contrat parce qu'ils seraient eux-mêmes des trafiquants d'armes. On laisse entendre que María Paulina serait téléguidée par son mari. Quant à moi, on écrit que mon informateur, Camilo Ángel, me manipulerait depuis le début dans le secret espoir de récupérer le contrat des Galil au profit de la Colt. Ainsi, nous qui nous présentions comme de jeunes croisés de la morale en politique, nous trouvons brutalement rabaissés au rang des politiciens que nous dénonçons et qui n'agissent jamais que par intérêt personnel.

Nous sommes abasourdis et incapables de déterminer ce qui a conduit la presse à ce revirement. J'apprendrai plus tard que ce sont les militaires des Services spéciaux qui ont intoxiqué certains journalistes sur ordre du ministre... Fernando Botero. Pour l'heure, nous sommes encore très ingénus et nous imaginons qu'il nous suffit de joindre ces journalistes pour les convaincre de notre bonne foi. Mais aucune de nos explications ne porte. Il se produit même l'effet inverse, plus nous tentons de nous justifier, de démontrer, d'éclaircir, plus nous apparaissons coupables, et pitoyables, dans les articles qu'on nous consacre.

Puis, soudain, la campagne monte en puissance et se cristallise cette fois exclusivement sur moi, comme si on avait bien compris en coulisses qu'en m'abattant, moi le symbole de l'anticorruption, on abattrait également les trois autres « mousquetaires ». On ne dit plus que j'ai été manipulée par Camilo Ángel, non, on écrit carrément que la Colt a financé ma campagne électorale et qu'en dénonçant le contrat des Galil je ne fais en réalité que renvoyer l'ascenseur pour permettre à la Colt de récupérer ce contrat. On prétend également que j'agirais dans le but d'obtenir une partie de la commission sur l'affaire en utilisant des prête-noms, notamment ceux de mes amis, et les voilà eux aussi traqués par la presse. Je passe ainsi dans les journaux du rôle de la pauvre gourde qui ne comprend rien à rien, à celui de la rusée qui ne s'embarrasse d'aucun scrupule

pour arriver à ses fins. On me caricature en Ingrid « Betancolt »
et je deviens en l'espace de vingt-quatre heures la proie de
toutes les rédactions du pays. Pour prendre la juste mesure du
tapage médiatique, il faut imaginer le soulagement éprouvé par
ces journalistes qui, depuis des années, se taisent sur la corruption des politiciens en constatant que celle qui prétendait
leur donner à tous une leçon de déontologie est aussi pourrie
que les autres...

À cette époque, je n'ai aucune expérience de la presse,
j'ignore comment se gère ce type de campagnes mensongères,
calomnieuses. Non seulement j'accepte de prendre au téléphone les dizaines de journalistes qui m'appellent chez moi dès
six heures du matin, mais je réponds longuement à toutes leurs
questions, et comme je suis nerveuse, effroyablement angoissée, je parle trop, spontanément, persuadée, au fond, que mon
honnêteté finira bien par éclater au grand jour.

— Camilo Ángel, c'est bien votre ami, n'est-ce pas ?

— Mais bien sûr que c'est mon ami ! Je ne vais pas vous
dire le contraire.

— Son père vend des fusils, vous le reconnaissez ?

— Absolument ! Et Camilo travaille avec lui, je vous le précise si vous ne le saviez pas déjà.

— Pour la Colt ! Qui a perdu le contrat au profit des
Galil... Et après ça, vous osez prétendre que c'est un pur
hasard si, à peine élue, vous êtes partie en guerre contre les
Galil...

— C'est un pur hasard, je vous le jure.

— On dit que la Colt aurait financé les trois quarts de votre
campagne...

— C'est faux ! Je n'ai pas reçu un sou d'eux, j'ai publié mes
comptes.

— Écoutez, vous êtes bien placée pour savoir ce que vaut ce genre de publication…

— Justement, c'est pourquoi j'ai fait campagne pour la transparence.

— Alors quel intérêt aurait eu Camilo Ángel à vous soutenir ?

— Mais il ne m'a pas soutenue, il ne m'a pas financée, c'est un ami, c'est tout.

— C'est un peu court tout de même, vous ne trouvez pas ?

Je ne dors plus, je suis épuisée, et chaque nouvel article, par une accumulation de naïvetés, de maladresses de ma part, judicieusement exploitées, me fait apparaître de plus en plus compromise. Et cependant, je dois préparer le débat parlementaire que nous avons réclamé, dont la date approche. Je dois me concentrer, croiser les preuves, démontrer que tout ce que nous disons depuis le début est vrai : le contrat des Galil est pourri, et dramatique pour nos soldats.

À ce moment, un coup terrible m'est administré : le magazine *Cambio 16* publie en couverture une photo où Camilo Ángel et moi sommes à cheval. Et que porte Camilo, bien en évidence ? Une casquette frappée de la marque Colt. Il est précisé que la photo a été prise pendant ma campagne électorale… En la découvrant, je reste pétrifiée, incrédule. Comment est-ce possible ? Je me rappelle parfaitement cette promenade à cheval. Nous avions appelé tous les amis en renfort pour faire une sortie « écologique » un dimanche à Bogota, en pleine campagne électorale. L'image est désastreuse, elle autorise toutes les suspicions. Comment leur est-elle parvenue ?

Luis Enrique ! Mon attaché de presse. Il m'avait offert ses services — au demeurant fort utiles — en me précisant que je n'aurais à le payer qu'au moment où l'État me rembourserait mes frais de campagne. Il me revient que dans la folie de mon travail, il m'a réclamé cet argent à deux ou trois reprises. Or je l'ai éconduit peut-être un peu brutalement, parce que l'État ne m'a toujours pas indemnisée. Voilà, c'est lui. Il a pris des centaines de photos durant ma campagne, et maintenant il se venge, et se paye, en les monnayant au prix fort.

Je suis atterrée, effondrée. Cette photo, c'est un assassinat. Comment peut-on ? Comment quelqu'un qui a travaillé avec moi, qui connaît mon intégrité, mes idées, peut-il me faire ça ? Pour de l'argent. Un argent qu'il aurait eu deux mois plus tard. Aussitôt le téléphone reprend de plus belle. Le grand journal du soir me veut pour invitée. Je songe une seconde à refuser parce qu'ils ont été constamment ignobles à mon égard, mais en même temps il me semble impossible de rester silencieuse, et j'accepte. À une condition : que l'entretien se déroule en direct. J'ai exigé cela sur un coup de tête, une intuition, sans me douter que je viens de prendre la première initiative intelligente de toute cette période où j'ai vécu comme une bête traquée, accumulant les gaffes.

Dans les heures qui précèdent ma prestation, je suis chez moi, profondément déprimée, à me demander comment expliquer aux Colombiens, de façon brève et limpide, que cette histoire est un traquenard. Tout en réfléchissant je feuillette distraitement *Semana*, et je tombe sur un article qui révèle que le présentateur du journal du soir qui vient de m'inviter sort avec l'autre présentatrice de ce journal. Ils sont tombés amoureux, c'est une anecdote charmante. Voilà, me dis-je, je vais me servir de ça et les Colombiens vont comprendre. Cette idée me donne une énergie extraordinaire et du coup j'appelle mes parents qui se tiennent silencieux depuis des semaines, bouleversés par ce que je vis.

— Regardez-moi ce soir.

— Oh ! Ingrid, tu ne te rends pas compte du mal qu'ils te

font. Les gens ne te croient plus, c'est une catastrophe. Ton image…

— Maman, je vais me défendre, regarde-moi, fais-moi confiance.

Le présentateur attaque avec emphase :

— Ingrid Betancourt qui fait la une de toute la presse depuis des jours est avec nous ce soir. Coup de théâtre ce matin, *Cambio 16* lui consacre sa couverture.

Et la couverture d'apparaître à l'écran.

— Madame Betancourt, c'est bien vous, n'est-ce pas, en pleine campagne électorale ?

— C'est bien moi, oui.

— Et ce monsieur coiffé d'une casquette Colt, c'est bien Camilo Ángel ? Sans avoir l'esprit mal tourné, il y a là une coïncidence… Bref, il faudrait quand même donner une explication crédible aux Colombiens, vous ne pensez pas ?

— En effet, mais ça n'est pas facile parce que je dois démontrer que ce qui semble tellement évident est faux. Je vais prendre un exemple pour que vous me compreniez bien : je lisais tout à l'heure dans *Semana* que vous étiez tombé amoureux d'Inés María Zabarraín, ici présente, et que vous sortiez ensemble. Bon, ayant lu cette information, je pourrais en déduire que vous vivez également ensemble. Ça serait léger de ma part parce que je pense qu'Inés María va attendre de se marier pour vivre avec vous. Eh bien, c'est la même chose pour moi : certes, cette casquette Colt paraît indiquer que la maison Colt et moi sommes liées, et cependant il n'en est rien…

Je vois le type devenir écarlate. On me laisse à peine finir et on envoie la publicité. Les journalistes sont choqués, voire outrés. En Colombie, la vie commune, en dehors du mariage, est très mal vue. Mon attaque semble démesurée. Au même titre que les accusations que l'on porte contre moi. L'indignation des présentateurs me laisse penser que les Colombiens ont enfin dû comprendre ce que je cherche à leur expliquer.

Et en effet, aussitôt rentrée chez moi, les appels me le confirment : « On a compris, me disent les gens. Bravo, tu t'es formidablement défendue. »

Nous sommes à une dizaine de jours du débat parlementaire. Forte de ce premier succès, je reprends courage. Et c'est alors que m'arrive un coup de main décisif : celui d'un homme dont j'espérais le concours depuis des semaines, en vain. Cet homme s'appelle Agustín Arango. Il est le représentant à Bogota de l'armurier français Famas et j'ai appris que lui aussi figurait dans le fameux appel d'offres qui a vu les Galil l'emporter. Je l'ai donc sollicité à plusieurs reprises et il a chaque fois refusé de m'aider, fidèle à l'engagement de discrétion qu'il avait pris à l'égard du gouvernement colombien. « Et puis, tout à fait entre nous, m'a-t-il répété, si je parle, je suis un homme mort. »

Au lendemain de ma prestation télévisée, Agustín Arango m'appelle.

— Ingrid, c'est dégueulasse ce qu'ils te font. J'ai bien réfléchi, je vais tout t'expliquer, te montrer les documents et te donner les noms des types qui sont mouillés jusqu'au cou. Mais jure-moi une chose : jamais tu ne révéleras que tu m'as rencontré.

J'ai juré. Si aujourd'hui je m'autorise à dévoiler notre collaboration secrète, c'est que, quelque temps après le débat parlementaire sur les Galil, Agustín Arango est mort. L'hélicoptère privé qui le transportait s'est écrasé. J'ai de bonnes raisons de croire que ce n'était pas un accident.

Enfin le débat s'ouvre devant un hémicycle comble. Le ministre Fernando Botero, qui s'était engagé à me soutenir, nous a en réalité concocté une parade grotesque en faveur des Galil. À l'heure dite, nous voyons entrer un défilé de mode : des amazones en minijupes, chaussées de bottes de cuir, font la roue sous nos yeux en brandissant le tristement célèbre fusil israélien. Les députés fondent, applaudissent, comme ils le feraient au Crazy Horse, et moi je pense : quelle prétendue démocratie sommes-nous donc pour nous livrer à ces singeries indignes ? J'ai honte pour la Colombie, honte pour les élus que nous sommes, honte enfin pour la vingtaine d'officiers de haut rang qui assistent à cela aux premières loges, la poitrine bardée de décorations, et visiblement ravis. D'autant que toute la presse est là, et en particulier la télévision. Quelle image les Colombiens peuvent-ils avoir des hommes qui applaudissent à un tel spectacle ?

J'ai trente-trois ans, je vais parler pour la première fois en tant que député devant mes pairs, et cette intervention, tout le pays l'attend. La presse a fait de ce débat un duel entre Fernando Botero et moi et elle donne par avance le ministre largement gagnant. La pression est considérable pour la novice que je suis, si bien que je somatise jusqu'à tomber vraiment malade. Je me suis levée ce jour-là avec une fièvre de cheval et c'est dopée, en nage, le cœur cognant violemment, que j'assiste aux danses du ventre des Galil's girls de M. Botero.

Il y a parfois dans la vie de ces moments d'une intensité exceptionnelle où l'on a clairement le sentiment de jouer son destin. J'ai ce sentiment-là, et un fort vertige, quand vient mon tour de gagner la tribune. La règle, au Parlement colombien, c'est que personne n'écoute : les gens bavardent, se lèvent, vont et viennent, c'est le marché perse, de sorte qu'on a l'impression pénible de parler dans le vide. Cette fois, à mes premiers mots, un silence impressionnant se fait.

— Il est incroyable, dis-je, qu'un ministre de la République, issu d'une prestigieuse famille colombienne, couvre de son autorité, et de ces pitoyables paillettes, un contrat dont il sait parfaitement qu'il est véreux. Il faudra se demander pourquoi il le fait, quel intérêt personnel il a à ce que nos soldats soient équipés non seulement de fusils très largement surpayés, mais de fusils dépassés techniquement qui leur exploseront au visage à la première pluie.

Durant quarante-cinq minutes je dévoile, preuves à l'appui, comment le gouvernement est parvenu à présenter comme la plus performante cette arme archaïque que la Colombie a d'ores et déjà payée plus cher que les fusils ultra-modernes allemands, français ou américains. Brandissant mes documents l'un après l'autre, j'accuse le ministre, et l'on entendrait une mouche voler. J'ai conscience de marquer des points, de rendre un à un les coups qu'on m'assène depuis des semaines. Ce jour-là, sans en être consciente, j'acquiers une réputation d'oratrice qui ne m'a plus quittée depuis : chaque fois que je parlerai, désormais, à la Chambre puis au Sénat, on m'écoutera dans un silence tendu, et souvent haineux.

Ai-je gagné ? Incontestablement oui, même si tout va être tenté pour me voler cette victoire. J'ai convaincu les journalistes, et parmi eux l'auteur de l'article du *Cambio 16*, María Teresa Arrazola, qui vient s'excuser dès que je regagne ma place. «J'espère, me dit-elle, avoir un jour l'occasion de réparer le tort qu'on t'a infligé. Je suis consciente qu'on s'est fait complètement manipuler.» Ce tort, les journaux le réparent en partie en publiant des bribes de l'enquête qui a fondé mon intervention. Ainsi les Colombiens sont-ils enfin informés, pris à témoin, d'une véritable corruption d'État. Mais dans le même temps ils constatent que cet État s'en tire merveilleusement puisque les députés, comme un seul homme, ont plébiscité Botero. Pourquoi n'ont-ils pas exprimé un vote de défiance ? Pourquoi n'ont-ils pas réclamé l'ouverture d'une enquête ? Parce qu'ils sont, eux aussi, corrompus. Les gens l'ont-ils compris ? J'en ai l'espoir.

Nous sommes alors en septembre 1994. Deux mois plus tard, l'inspecteur des Finances me donne *a posteriori* raison : il ouvre une instruction contre les signataires du contrat des Galil. Le scandale n'est plus dissimulable : l'usine, qui a été payée, livrée, n'a pas produit un fusil et n'en produira jamais. C'est un gâchis monumental. « Nous avons pu mettre en évidence l'existence de conduites frauduleuses chez trois hauts fonctionnaires », assure l'inspecteur. Il donne les noms de ces trois hommes, trois boucs émissaires. Comme souvent en Colombie, ce n'est en réalité qu'une manœuvre pour en finir avec un scandale sans en faire payer le prix aux véritables responsables, trop importants, donc intouchables.

Et, une fois de plus, la presse fuit ses responsabilités. Pas un article pour reconnaître que nous avions raison, nous les « quatre mousquetaires », comme disaient les journalistes avant de se faire intoxiquer. Pas un article pour s'étonner du lâche aveuglement des députés. Pas un mot pour stigmatiser ce gouvernement, ces militaires, compromis jusqu'au cou. Quand les journalistes affluent dans son bureau, Fernando Botero joue la surprise, se drape avec hauteur dans la dignité blessée de l'État. « Il est essentiel que la justice fasse son travail, ose-t-il déclarer. Qu'elle identifie les coupables et les punisse à hauteur de leurs responsabilités. » Mais le contrat est maintenu et les pots-de-vin distribués.

Pire, cette même justice qui enfouit avec empressement un scandale d'État ouvre une instruction contre moi sur la foi de lettres anonymes adressées au procureur. Ce sont les journalistes qui m'annoncent la nouvelle avec une évidente délectation, et je reviens sur le devant de la scène — singulier hasard !

— le jour justement où l'on enterre l'affaire des Galil, comme s'il était urgent de distraire l'attention des Colombiens.

Ces gros titres à la une des journaux révélant ma mise en cause sont un nouveau coup terrible pour moi. Je fais pour la seconde fois l'expérience de l'étendue des moyens dont dispose un État corrompu pour anéantir celui qui se met en travers de son chemin. J'ai vu ce dont un tel État est capable, et j'ai peur. Mon amie María Paulina Espinosa est également très inquiète pour moi, c'est elle qui m'adresse à un homme qui sera désormais à mon côté chaque fois que la justice tentera de m'abattre : Hugo Escobar Sierra. C'est un avocat âgé, ancien ministre de la Justice, qui connaît tous les rouages d'un système dont il fait partie.

Il me reçoit. Je suis si meurtrie, si angoissée, que j'en arrive à me sentir coupable d'avoir seulement fréquenté, alors que j'étais en campagne, un marchand d'armes. Est-ce interdit ? Suis-je passible d'une condamnation ? Peut-être. Je ne sais pas, je ne connais pas la loi.

— Mon petit, me dit-il, tu ne te rends pas compte du monstre que tu as défié. Ils savent qu'ils n'ont rien contre toi, mais ils ne reculeront devant rien pour te salir. Le problème avec les gens honnêtes comme toi, c'est qu'ils sont sans cesse enclins à se sentir en faute. Tu n'as rien fait de mal. Il faut que tu aies confiance en moi, oui, mais il faut surtout que tu aies confiance en toi.

À chacune de mes dépositions, il m'accompagne, et je vois que sa présence intimide les fonctionnaires. Je reprends courage. L'instruction du dossier des Galil a duré deux mois, celle ouverte contre moi va se prolonger plus d'une année. Hugo Escobar Sierra me tiendra constamment la main, attentif, alerte, prêt à parer tous les coups bas. Et refusant le moindre honoraire. «Je te défends parce que j'ai envie de te défendre, me répétera-t-il. Un point, c'est tout.»

Enfin un jour, j'entends de la bouche de mon accusateur ces mots incroyables : «Nous allons fermer l'investigation à votre encontre car nous n'avons rien trouvé. Je vais vous délivrer un certificat de clôture. Mais à une condition : que vous n'en disiez rien à la presse. Sachez que nous avons la possibilité à tout instant de rouvrir l'enquête.»

C'est une menace à peine voilée. Le soir même, j'adresse une copie du certificat à tous les journaux nationaux. Pas un mot n'en sera reproduit par une presse dont on vante pourtant l'indépendance dans le monde entier.

7

Ernesto Samper est élu président de la République le 19 juin 1994, deux mois après mon élection à la Chambre des députés. J'ai soutenu Samper — en acceptant notamment de rédiger le code d'éthique du Parti libéral — malgré le peu d'estime que j'ai pour lui. Je veux croire alors que son discours moral est sincère et j'adhère au programme du Parti libéral, plus social, plus soucieux des défavorisés que celui du Parti conservateur défendu par l'adversaire malheureux de Samper, Andrés Pastrana.

Le scandale contre Samper éclate comme une bombe le 21 juin, deux jours après son élection à la magistrature suprême. C'est Andrés Pastrana, le candidat battu, qui allume la mèche. Prenant acte de sa défaite, il s'écrie : « Je ne demande qu'une chose à Samper : peut-il jurer sur son honneur, devant le peuple colombien, qu'il n'a pas reçu d'argent de la drogue pour financer sa campagne électorale ? » Samper ne relève pas et l'on découvre simultanément dans la presse la retranscription d'une cassette où les frères Rodríguez, chefs tristement réputés du cartel de Cali, parlent d'Ernesto Samper et de l'argent qu'ils ont investi dans sa campagne.

On apprendra par la suite que cette cassette a été enregistrée par des agents américains de la Drug Enforcement Administration (DEA), pendant la campagne électorale, et remise à Pastrana une semaine avant le scrutin, dans le but évident qu'il l'utilise contre Samper. Mais Pastrana ne la divulgue qu'une fois battu...

L'information ne produira pas cependant tout son effet. Parce qu'on l'associe au geste de dépit d'un homme défait ? Pas seulement. En ce printemps 1994, les Colombiens sortent tout juste de la guerre des bombes menée par le plus effroyable des mafieux, Pablo Escobar, patron redouté du cartel de Medellin. Escobar, qui est à l'origine de centaines d'attentats meurtriers, de la mort de Luis Carlos Galán, vient d'être lui-même abattu après des mois de traque. Le pays respire, il veut croire qu'une page sanglante est tournée, que plus jamais les mafieux ne dicteront leur loi aux élus de la nation. Or que nous raconte-t-on sur ce nouveau Président, et avant même qu'il ait emménagé au palais Nariño ? Qu'il aurait été financé par les nouveaux rois de la cocaïne : les frères Rodríguez ! Est-ce à dire que tout va recommencer ? Les gens n'en peuvent plus. Ils revendiquent tout simplement le droit d'espérer, le droit de se bercer d'illusions. Et ils le manifestent à leur façon en détournant pudiquement le regard des prophéties de malheur qui s'étalent dans les journaux.

Pire, ou mieux : au lieu d'aller réclamer des explications au présumé coupable, Ernesto Samper, ils s'en prennent à celui par qui le scandale menace, Andrés Pastrana. Accusé de souiller aux yeux du monde l'image prétendument restaurée de la Colombie, Pastrana est bientôt baptisé « el Sapo », le crapaud, et caricaturé comme tel dans les journaux et sur les murs des villes. Vilipendé, montré du doigt, cet homme qui sera élu président de la République quatre ans plus tard, en 1998, choisit de quitter la Colombie, de fuir, pour échapper au ressentiment des siens.

Ernesto Samper se tait. Pourquoi parlerait-il de cette sombre affaire à un peuple qui ne demande qu'à le croire innocent ? À un peuple qui lui est tout acquis ? Le 15 juillet cependant, sentant qu'un vent mauvais pourrait bien se lever du côté des États-Unis, il prend une initiative audacieuse : il adresse une lettre aux sénateurs américains, et non aux Colombiens, pour leur expliquer que cette cassette est le fruit d'un complot du cartel de Cali pour déstabiliser son gouvernement, et il demande aux élus américains de l'aider à lutter contre les trafiquants de drogue. C'est cynique, mais c'est extrêmement intelligent, et à double détente : d'une part il met dans l'embarras le gouvernement des États-Unis en s'alliant les sénateurs, d'autre part il prouve magistralement sa bonne foi aux Colombiens. Il ajoute d'ailleurs à notre intention ce message explicite : le cartel de Cali veut ma peau, comme celui de Medellin voulait celle de Galán.

Et moi, je tombe dans le panneau, à l'instar de tous les Colombiens. Je n'arrive pas à croire que Samper ait la capacité de manigancer une histoire pareille. Et c'est parce que je crois que son gouvernement a intérêt à se montrer énergique contre la corruption, que je suis complètement décontenancée par l'attitude de Botero dans l'affaire des Galil. Je me rappelle encore un dîner à la maison avec mes parents. Comme dans tous les foyers certainement à cette époque, la conversation roule sur cette histoire de cassette. Et papa : « C'est cousu de fil blanc, cette affaire. Qui accepterait aujourd'hui des fonds de la mafia ? Samper est bien trop malin pour avoir fait un truc pareil... Enfin, voyons ! Évidemment que c'est un coup des Rodríguez... Je n'aime pas Samper, j'aurais préféré Pastrana mais, en la matière, il mène bien sa barque : puisque le gouvernement américain soupçonne les Colombiens de tous les vices, il est judicieux d'en appeler aux sénateurs pour que l'opinion américaine prenne conscience de ce qui nous arrive. » Oui, nous sommes tous victimes d'une petite poussée de nationalisme face aux soupçons du gouvernement de Clinton qui nous semblent relever d'une forme de mépris pour notre nouveau Président, d'une forme d'impérialisme à notre égard.

D'ailleurs, le 16 août, l'accusateur public de la nation Gustavo de Greiff déclare, après étude des propos prêtés aux frères Rodríguez, qu'il n'y a pas lieu d'ouvrir une enquête contre Samper. Je comprendrai bientôt pourquoi de Greiff, qui se sait sur le départ, a pris cette décision précipitamment, quarante-huit heures exactement avant l'arrivée de son successeur, Alfonso Valdivieso. Pour l'heure, je n'ai aucun soupçon, et quand, un de ces jours d'août, je reçois une invitation d'Ernesto Samper à le rencontrer au palais Nariño, je suis plutôt impatiente et curieuse de le revoir. On dit que la fonction façonne l'homme. La magistrature suprême l'aurait-elle métamorphosé ?

Non, il est égal à lui-même, charmeur, léger, toujours prêt à rire. J'ai immédiatement le sentiment que tout l'intéresse, sauf les soucis du pays. Nous n'évoquons ni l'affaire des Galil, sur laquelle je travaille, ni celle de la fameuse cassette, si ce n'est sous la forme d'une plaisanterie grinçante bien dans le style du personnage : « Ne parle pas si fort, Ingrid, les gringos ont truffé mon bureau de micros... » Après quelques propos badins, il en vient à me demander des nouvelles de mes parents. Si je rends compte ici de cette conversation apparemment sans intérêt, c'est qu'elle va prendre pour moi une importance insoupçonnée, me précipitant bientôt tout près d'une condamnation qui aurait pu mettre un terme à ma vie politique.

— Donne-moi des nouvelles de Yolanda.

— Maman va bien. Je crois qu'elle n'est pas fâchée d'avoir définitivement tourné le dos à la politique. Elle se consacre à l'Albergue, à ses enfants.

— Bien, bien… Et ton père?

— Ça va. Papa a des problèmes d'argent, mais rien de très grave. On en parlait l'autre jour, c'est tout de même invraisemblable : sa pension n'a pas été réévaluée depuis vingt ans… Il me disait : « J'ai travaillé toute ma vie, et regarde ce que j'ai pour vivre, trois pesos… » Quand tu penses qu'il a été ambassadeur, ministre, c'est absolument grotesque! Qu'est-ce que ça doit être pour les autres…

— Oui, il faudra revoir tout ça… Bon, mais si je peux faire quelque chose pour ton père, j'en serai ravi.

Nous en restons là. Je ne demande rien pour papa bien évidemment, et je ne vois dans les propos de Samper qu'une attention polie. J'apprends en sortant qu'il a fait réserver tous ses après-midi pour recevoir les parlementaires et je me dis qu'il n'a pas tort, à l'ouverture de son mandat, de s'assurer du bon moral de sa majorité… Puis je me replonge dans le dossier des Galil. Le débat parlementaire approche, je suis au cœur de la tempête politique que l'on sait.

Fin novembre 1994, nous en avons terminé avec les fusils israéliens et mes trois compagnons et moi y avons finalement gagné en crédibilité aux yeux du pays. On reconnaît maintenant que nous avons levé un véritable lièvre, c'est un premier pas dans notre campagne contre la corruption et pour un changement des mentalités à la tête de l'État. Pourquoi décidons-nous alors de nous pencher sur les liens occultes et terribles qui unissent chez nous les narcos aux politiques ? Parce que nous sentons bien que ce sont ces liens qui gangrènent la société colombienne et que rien de novateur ne pourra être entrepris tant qu'on n'aura pas vidé cet abcès, purgé cette infection. La réaction ulcérée des Colombiens dans l'affaire de la cassette prouve combien cet abcès est douloureux : nous préférons tous condamner Pastrana qui met le doigt dessus que Samper, qui peut-être l'alimente. Et que ne dit-on pas sur les sombres tractations qui lièrent Pablo Escobar au président Gaviria, prédécesseur d'Ernesto Samper, avant que Gaviria ne se décide à faire abattre Escobar ? Que ne dit-on pas, oui, avec le secret espoir que tout cela soit faux car si c'était vrai, la Colombie y perdrait son âme. Bref, rechercher la vérité nous paraît être un préalable indispensable à la rénovation de l'État.

Pour première initiative, nous décidons d'organiser un débat au Parlement sur la sécurité nationale. C'est une façon de revenir sur le terrorisme généré par Pablo Escobar, de se demander publiquement comment tout cela a pu arriver et d'essayer de comprendre comment l'État a géré cette guerre. Il faut dire la vérité aux Colombiens, et cette vérité, nous la découvrons en préparant le débat : Escobar fait assassiner Galán en 1989 parce que Galán est pour l'extradition des narcos vers les États-Unis et que s'il est élu président de la République, l'extradition sera adoptée et appliquée. Gaviria, qui se présente comme l'héritier de Galán et se fait élire à sa place, renonce immédiatement à l'extradition. Cela lui permet d'obtenir la reddition d'Escobar et de mettre un terme à la guerre des bombes. On le crédite d'une grande victoire, alors qu'en réalité l'État vient de capituler devant Escobar. Pourquoi ?

Parce que Escobar n'est pas du tout le captif qu'on imagine. Il réside dans une luxueuse prison baptisée « la cathédrale », entouré de tout son état-major, une vingtaine d'hommes. Plus que jamais, il travaille au commerce international de la cocaïne. En réalité, sa situation s'est améliorée depuis qu'il est « en prison ». Pour avoir suscité des haines terribles, notamment chez ses anciens alliés, les frères Rodríguez du cartel de Cali, il risque moins, enfermé dans la « cathédrale », protégé par la police de l'État. Je dis bien « protégé » car on découvre qu'Escobar avait les clés de sa prétendue prison et, pire, qu'il en était même propriétaire puisqu'elle avait été construite pour lui, avec son autorisation et son argent, sur un terrain lui appartenant...

On découvre aussi pourquoi Escobar s'est évadé de sa prison dorée. Non seulement il y poursuivait ses exportations de cocaïne, mais il y rendait sa justice de mafieux, allant jusqu'à prononcer des condamnations à mort. Il revient aux oreilles de l'accusateur Gustavo de Greiff qu'un massacre a eu lieu dans l'enceinte de la « cathédrale ». L'enquête confirme que deux des hommes d'Escobar, les frères Galiano, qui l'auraient volé, ont été tués de façon monstrueuse : ils ont été découpés vivants à la scie électrique puis cuits au barbecue avant d'être donnés aux chiens afin qu'on ne trouve pas trace de leurs cadavres. Horrifié, et sûrement inquiet pour la réputation de la justice, l'accusateur demande au président Gaviria que Pablo Escobar soit transféré dans une prison digne de ce nom. Mais Escobar a passé un accord avec Gaviria : il ne s'est rendu qu'à condition d'être hébergé dans la « cathédrale ». Gaviria sait que s'il envoie Escobar dans un véritable cachot, trahissant leur contrat secret, celui-ci se vengera. C'est donc Gaviria lui-même qui le fait prévenir de son transfert, l'incitant implicitement à prendre la fuite, ce qu'Escobar accomplit sans aucune difficulté.

Dans quelles conditions va-t-il se faire tuer quelques mois plus tard ? Nous l'apprendrons après le débat parlementaire, à l'occasion d'une rencontre insolite avec... les frères Rodríguez.

Au soir du débat, les députés décident en effet de créer une «commission de Sécurité nationale» dont la mission est notamment de poursuivre l'enquête sur l'affaire Escobar. Majoritairement «sampéristes», les députés voient là une façon d'enfoncer Gaviria, tout en détournant les soupçons qui s'accumulent sur Samper lui-même. Les «mousquetaires» entrent dans cette commission d'une dizaine de membres.

Au mois de février 1995, alors que nous nous trouvons en réunion de travail à la préfecture de Cali, on nous prie de sortir un instant. Un homme est là, envoyé dit-il par les Rodríguez. Ils ont suivi, nous explique-t-il, le débat à la Chambre, entendu ce que nous avions dit sur les conditions de détention d'Escobar, et ils ont d'autres informations à nous donner. Accepterions-nous de les rencontrer ? Il faut se décider tout de suite, c'est la seule condition qu'ils posent : suivre cet homme immédiatement, sans prévenir personne. Il y a avec Lucio et moi, un troisième député membre de la commission. Nous nous consultons du regard.

— C'est d'accord, allons-y.

On nous embarque dans une voiture dont les fenêtres ont été obstruées, de sorte que nous ne voyons rien. Durant une heure, il nous semble que notre chauffeur tourne plus ou moins en rond dans le souci évident de nous priver de repères, de nous empêcher par la suite d'identifier l'adresse où nous allons. Quand on nous prie de descendre, nous nous trouvons dans le parking souterrain d'un immeuble. Nous prenons l'ascenseur, puis on nous fait entrer dans un appartement. Un appartement soigneusement meublé mais dont on sent bien qu'il n'est pas habité. Pourtant, une domestique noire est là, col et tablier amidonnés, façon «grande maison», qui nous demande ce que nous souhaitons boire.

Puis les heures s'égrènent et la journée s'écoule ainsi sans qu'il se passe rien. La seule présence humaine avec nous dans cet appartement semble être cette femme, souriante, dévouée qui, à intervalles réguliers, nous apporte de quoi nous restaurer. Avons-nous peur? Non. Mais échaudée par l'affaire des Galil, ou plus précisément par la manière dont presse et pouvoir ont failli m'abattre en montant «l'affaire Colt», je crains d'être tombée dans un guet-apens. Qui nous dit que nous n'allons pas être filmés conversant avec les frères Rodríguez, et que les films ne seront pas diffusés au journal télévisé? Ne serait-ce pas le meilleur moyen de nous faire taire, nous qui dénonçons les liens des politiciens avec les narcos? J'en parle aux autres et je leur dis: «Aussitôt sortis d'ici, nous racontons tout à la presse. Seule la transparence nous garantit contre de futurs pièges.»

Enfin, au milieu de la soirée, les choses s'animent soudain. Bruits de portes, échos de voix. Notre hôtesse nous prie de la suivre et elle nous fait passer dans une petite pièce meublée d'une table et de six chaises, trois d'un côté, trois de l'autre. Nous sommes invités à nous asseoir en rang d'oignons, face aux trois chaises vides. Un quart d'heure s'écoule encore. Alors ils entrent, et mon cœur s'accélère parce que je reconnais ces visages si souvent publiés dans les journaux comme les symboles mêmes de l'horreur. D'abord Gilberto, le plus âgé, court, crinière blanche, qui se dirige droit sur moi, la main tendue, et me donne du «doctora», signe de respect, de déférence.

— Bonsoir, doctora!

Puis Miguel, plus jeune et plus élancé. Enfin José Santacruz,

135

une armoire à glace, troisième compère à la tête du cartel de Cali.

Gilberto Rodríguez a remarqué notre surprise, notre malaise aussi peut-être, et ses premiers mots sont pour désamorcer cela.

— Vous êtes étonnés de nous voir en chair et en os, mais ce qui vous surprend surtout, c'est de constater que nous sommes des gens normaux. Regardez-nous, nous ne portons ni bagues ni chaîne en or…

Et je pense en moi-même : effectivement, on dirait de modestes commerçants. Chemises ouvertes, pantalons bleu marine, mocassins — comme on s'habille à Cali, ville éternellement printanière. Rien de tape-à-l'œil.

— Pourquoi vouliez-vous nous rencontrer ? interrompt Lucio.

Alors Gilberto se lance dans un étonnant discours où il est question de tout le bien qu'ils font à la Colombie, des dizaines d'entreprises légales qu'ils ont créées, donnant du travail à la moitié de la ville, du harcèlement des juges dont ils sont injustement victimes, car ils ne souhaitent que bonheur et prospérité au peuple colombien. Et soudain, la moutarde me monte au nez : comment ces gangsters, ces criminels, osent-ils se faire passer pour des Robin des Bois ?

— Vous rendez-vous compte qu'à cause de vous on ne peut plus voyager à l'étranger sans être immédiatement soupçonné d'être un trafiquant ? dis-je nerveusement. Vous avez ruiné l'image internationale de la Colombie et, en fait de travail, vous avez plongé ce peuple dans la terreur, dans l'instabilité. À cause de vous, les Colombiens ne s'imaginent plus d'avenir.

À ces mots, Miguel devient écarlate. Il repousse violemment son siège, bougonne des mots inintelligibles et, ne se dominant plus, quitte la pièce. Silence consterné de mes deux collègues, l'air de dire : bravo, Ingrid, ça démarre très bien, et maintenant qu'est-ce qu'on fait ?

Mais Gilberto reprend la parole, sereinement, comme si la sortie de son frère était préméditée.

— Bon, nous tenions à ce que vous sachiez aussi quel a été notre accord avec l'ancien président Gaviria en ce qui concerne la mort de Pablo Escobar.

Escobar est le diable pour les Rodríguez, nous constatons que Gilberto parle de lui avec des accents d'effroi, lui qui n'est pourtant pas un enfant de chœur. Longtemps alliés, ils sont entrés en guerre quand Escobar a demandé aux Rodríguez de lui livrer un de leurs collaborateurs qui ne lui aurait pas payé l'impôt et qu'il a condamné à mort. Les Rodríguez, ulcérés, refusent. Débute une guerre sans concession.

Quand Escobar, hébergé dans la « cathédrale », assassine les frères Galiano à la scie électrique, la famille Galiano, terrorisée, se réfugie naturellement chez les Rodríguez. Et c'est Gilberto qui les convainc d'aller raconter le massacre à l'accusateur public de Greiff. Après l'évasion rocambolesque de Pablo Escobar, de Greiff réunit autour d'une table, la *mesa del diablo*, la table du diable, tous ceux qui ont intérêt à ce que celui-ci soit rapidement éliminé : un représentant du président Gaviria, parce que Gaviria vit maintenant dans l'angoisse qu'Escobar révèle l'accord passé avec lui pour sa reddition, les frères Rodríguez qui redoutent qu'Escobar les assassine, enfin la police colombienne dont des dizaines de membres ont été tués par les sicarios d'Escobar et qui voue à cet homme une haine implacable. Ainsi les représentants des plus hautes institutions du pays siègent-ils, sans états d'âme, au côté du crime organisé. Plus que toutes les compromissions dont j'ai été le témoin, cette réunion symbolise à mes yeux combien la Colombie est malade, profondément gangrenée par la mafia.

Au terme de cette rencontre, les frères Rodríguez s'engagent à localiser Escobar et à le livrer aux tireurs d'élite de la police. Une dizaine d'hommes a été sélectionnée pour cette mise à mort et les Rodríguez promettent à chacun d'entre eux un million de dollars. Ils vont tenir leurs engagements. Ils vont, nous révèle Gilberto, dépenser une fortune pour traquer Escobar, finançant en particulier le développement d'une technique de localisation électronique à l'aide d'un système d'écoute téléphonique. Les Rodríguez savent qu'Escobar, ce monstre qui a appris à son fils de quatorze ans à énucléer ses victimes à l'aide d'une petite cuillère chauffée au rouge, nourrit une réelle passion pour sa dernière petite-fille. Ils sont persuadés qu'il va tenter de lui téléphoner et ils mettent tout en place pour intercepter cet appel. Escobar tombe dans le piège. Repéré début décembre 1993, il est abattu en tentant de fuir par le toit de la maison où il se cachait.

Sa chute, fêtée dans tout le pays et à la une des journaux, est alors mise au crédit du président Gaviria et de sa police. Mes collègues et moi-même découvrons à quel point, une fois de plus, nous avons été trompés, nous les Colombiens, trompés et manipulés. Cette victoire sur le plus redoutable des mafieux, nous ne la devons pas à nos institutions, mais à d'autres mafieux… Et la gangrène poursuit donc son long travail d'anéantissement, car évidemment les Rodríguez ont chèrement négocié leur concours. C'est ce que nous comprenons dans la suite de notre conversation avec Gilberto, son fougueux cadet, Miguel, finalement revenu s'asseoir, et José Santacruz.

Multimilliardaires, les Rodríguez ont besoin de se refaire une virginité et de laver leur argent sale pour pouvoir en laisser la jouissance à leurs enfants. Cela passe par une reddition, suivie d'une condamnation, et ce sont les conditions de cette prétendue soumission à la justice qui doivent être négociées. À l'instar d'Escobar qui ne s'était livré qu'après l'abandon du principe d'extradition et contre la promesse d'une incarcération en hôtel trois étoiles, les Rodríguez ont marchandé avec Gaviria, sous l'œil complice de Gustavo de Greiff. Gilberto, le plus âgé, était prêt à se livrer pour permettre à tous les siens de vivre richement, et la tête haute, dans les décennies à venir. Oui, mais Gaviria était à la fin de son mandat, non renouvelable…

Brusquement, à ce moment de notre entretien, l'affaire de la cassette me revient à l'esprit. On y entendait les Rodríguez parler en termes extrêmement chaleureux d'Ernesto Samper, le successeur de Gaviria. J'ai l'intuition que les Rodríguez ont dû prendre langue avec Samper dans l'hypothèse où leur reddition ne pourrait se faire dans les derniers mois du mandat de Gaviria. Et c'est comme par hasard le procureur de Greiff qui, à peine Samper élu, a déclaré qu'il n'y avait pas lieu d'ouvrir une enquête sur la fameuse cassette. De Greiff, l'arbitre des pires compromissions dans la reddition, puis la liquidation, de Pablo Escobar… D'un seul coup, tout me semble épouvantablement limpide et, bravant une nouvelle crise de nerfs de Miguel, je lance à la figure de nos trois interlocuteurs :

— Bon, et combien avez-vous donné à Samper pour sa campagne ?

— Pffft ! Douze milliards de pesos, rétorque du tac au tac Miguel, la moue arrogante.

Alors Gilberto, embarrassé, mesurant l'étendue de la gaffe :

— C'est exact, mais Samper n'est pas au courant, ça n'est pas passé par lui, il ne l'a jamais su.

Je souris, incrédule :

— Pardonnez-moi, mais c'est difficile à croire. L'idée,

quand on donne de l'argent à un candidat, c'est tout de même qu'il vous renvoie l'ascenseur une fois élu, non ?

Gilberto feint d'être blessé dans son honneur.

— Doctora, me rétorque-t-il, un peu pincé, nous avons le droit, nous aussi, d'avoir des convictions politiques. Des tas de gens donnent anonymement pour tel ou tel candidat, pourquoi ne le ferions-nous pas, nous ?

À ce moment, quelqu'un frappe et on nous prie de rejoindre le salon où nous avons patienté toute la journée : les trois patrons du cartel de Cali ont des visiteurs. Nous entendons en effet des bruits de pas, des conversations feutrées et soudain, alors que tous ces hommes stationnent derrière la double porte du salon en verre dépoli, nous avons la stupéfaction de constater que les visiteurs des frères Rodríguez sont des policiers en uniforme. Ne sont-ils pas prétendument recherchés par toutes les polices du pays ?

Quand nous reprenons la conversation, je m'étonne :

— Vous vous disiez tout à l'heure traqués, mais la police a l'air plutôt compréhensive à votre égard...

Gilberto nous laisse entendre qu'il contrôle en effet une bonne partie de la police. « J'ai de bonnes liaisons », dit-il. Comme nous paraissons sidérés, il ajoute, avec une pointe de suffisance :

— Mais c'est la même chose au Parlement ! La plupart de vos collègues députés sont payés par nous.

— Comment ça, la plupart ? dis-je, abasourdie.

— Une centaine de députés et plus de la moitié des sénateurs, doctora, voulez-vous leurs noms ?

Sans que je demande rien, il lâche une dizaine de noms. Et je songe en moi-même : si plus de la moitié des députés leur sont acquis (nous sommes cent quatre-vingt-six au total), ils gouvernent le pays plus sûrement que le Président...

La soirée se termine sur ces mots et dans les jours suivants l'idée me viendra que les Rodríguez nous ont tendu une perche : pourquoi ne pas se joindre à eux puisqu'ils tiennent tout l'appareil d'État ? Pourquoi continuer de les combattre, de combattre la corruption ?

Le surlendemain, comme prévu, nous répétons à la presse ce que les Rodríguez nous ont révélé de leur implication dans la liquidation d'Escobar. Nous défendons alors l'idée de créer une Cour internationale de justice pour faire face à l'impunité des trafiquants de drogue colombiens. Mais l'essentiel de ce que nous avons retiré de cette rencontre, nous le gardons pour nous — cela nourrira ma réflexion et mon combat futur. L'essentiel, c'est cette mainmise de la mafia sur toutes les institutions d'une nation : du Parlement, matrice de la loi, à la justice et la police, chargées de faire respecter cette loi. Plus que jamais, je pense que seule l'extradition peut briser cette spirale mortelle pour la Colombie. Luis Carlos Galán le savait, il se battait pour l'extradition et l'a payé de sa vie.

Quant à cet aveu des Rodríguez d'avoir financé la campagne de Samper — véritable bombe atomique pour la Colombie —, il serait irresponsable d'en faire état. Avant tout, ne pas se laisser manipuler. D'une part cela peut être, comme le prétend Samper, une tentative de déstabilisation lancée contre lui (bien que Gilberto ait plutôt eu l'air de vouloir le protéger). D'autre part, il faut enquêter et, s'il existe des preuves, outre la cassette, les dénicher. Alors seulement on pourra, on devra, engager la bataille.

Le 1er mars 1995, quelques jours donc après notre entrevue avec les trois du cartel de Cali, les États-Unis émettent un avis réservé sur la « certification » de la Colombie. Les États-Unis s'arrogent le droit de noter les pays auxquels ils accordent leur aide économique et ces notes permettent ou non d'obtenir un diplôme de bonne conduite. Ils n'accordent à la Colombie du président Samper qu'une «certification conditionnée» à une lutte plus convaincante contre les narcotrafiquants.

C'est de toute évidence un deuxième avertissement adressé au président Samper, huit mois après la diffusion de la cassette. Mais pour les Colombiens, qui veulent croire à l'intégrité de leur Président, le message est interprété comme un nouvel affront des «gringos» : de quel droit nous jugent-ils, s'écrie-t-on, alors qu'ils sont les premiers consommateurs de drogues, tandis que nous qui combattons les narcos nous le payons du sang des nôtres? Un vent de nationalisme anti-Yankee balaie le pays, relayé et amplifié par les titres cocardiers des journaux.

Cependant, étonnante coïncidence, le lendemain 2 mars, Jorge Eliécer Rodríguez, petit frère de Gilberto et de Miguel, est capturé par la police. Samper aurait voulu donner des gages aux États-Unis et conforter son opinion publique qu'il n'aurait pu espérer mieux. Ah! ah! persiflent les journaux, hier encore les «gringos» nous accusaient de ne pas en faire assez contre les narcos, et voyez le résultat! Les voilà bien mouchés! C'est bizarre, me dis-je en songeant aux bonnes relations avouées avec la police par l'aîné des Rodríguez, ça tombe un peu trop bien pour être le seul fruit du hasard, mais bon...

En coulisse de cette agitation se prépare une bombe judiciaire contre le président Samper à laquelle ni les Colombiens ni notre groupe anticorruption ne prêtent encore attention. J'ai dit plus haut qu'au milieu du mois d'août 1994, l'accusateur avait dû laisser sa place à un certain Alfonso Valdivieso. Le nouveau procureur de la nation est un cousin de Luis Carlos Galán et il est animé comme lui d'une éthique, d'une morale. Or, un groupe de policiers qui agit directement sous son autorité est tombé, lors d'une perquisition, sur une liste de personnalités ayant bénéficié des largesses du clan Rodríguez. De Greiff n'aurait évidemment rien fait d'un tel document. Alfonso Valdivieso, lui, ouvre discrètement une instruction. Nous sommes alors à la fin de l'année 1994. Le 30 janvier 1995, le magazine *Cambio 16*, profitant d'une fuite dans l'instruction, publie une liste de dirigeants politiques ayant reçu pour leur campagne des tee-shirts du cartel de Cali, c'est-à-dire des frères Rodríguez. Tiens, tiens, se dit-on, cet Alfonso Valdivieso travaille donc...

Il travaille, oui, et cette affaire de tee-shirts révélée par la presse est quasi anecdotique au regard de l'enquête que poursuivent ses hommes dont on apprendra par la suite qu'ils sont discrètement aiguillés par les États-Unis. Les comptes en banque des heureux bénéficiaires de tee-shirts sont passés au crible des policiers. Et, comme par hasard, ces gens sont en possession de sommes considérables, sans rapport avec leurs revenus déclarés. Tout est là, chiffré. Les élus n'ont rien dissimulé parce qu'ils ne sont pas habitués à ce que la justice fasse son travail. Ils ont un immense sentiment d'impunité. Et même quand les enquêteurs les interrogent sur la provenance des cent cinquante millions de pesos qui dorment sur leur compte, ils croient s'en tirer aisément en prétendant avoir vendu une œuvre d'art. Jamais nos dirigeants politiques n'ont vendu autant d'œuvres d'art qu'en ce début d'année 1995...

Le 21 avril, fort d'un dossier déjà explosif pour la classe politique colombienne, Alfonso Valdivieso ouvre officiellement ce qui demeurera dans l'histoire nationale comme le « procès 8000 ». (En Colombie, chaque procès est numéroté, et il est probable que Valdivieso, sentant que celui-ci passerait à la postérité, s'est arrangé pour qu'il bénéficie d'un chiffre rond.) À ce stade, l'accusateur a déjà fait incarcérer un des leaders du Parti libéral, Eduardo Mestre, et la liste des parlementaires qui risquent de le rejoindre en prison compte une dizaine de noms.

L'annonce de ce procès provoque une émotion considérable dans le pays. Jamais la justice n'avait inquiété la classe politique. Les gens se demandent comment interpréter ce brusque revirement. D'autant que Valdivieso ne semble pas avoir le soutien de Samper, puisque la plupart des élus mis en cause sont des proches du Président. Quel dessein secret poursuit donc Valdivieso? Agit-il seulement par souci d'éthique? On se perd en supputations. On a du mal à comprendre qu'un homme issu des institutions puisse soudain partir en guerre tout seul contre la corruption du système. J'aurai plus tard l'explication de cette énigme : mû lui-même par des ambitions présidentielles, Alfonso Valdivieso s'assure alors par son intégrité, et son incontestable courage, l'appui des États-Unis. Pour parler plus crûment, il va au-devant de leurs souhaits.

Le 9 juin 1995, coup de tonnerre : on annonce l'arrestation de Gilberto Rodríguez après une longue traque! Pour moi, c'est le début d'une prise de conscience qui va me conduire petit à petit à m'impliquer complètement dans le drame qui se prépare. Quoi, ils auraient «arrêté» Gilberto Rodríguez, l'homme qu'ils avaient convié à la *mesa del diablo*, l'homme qui a sous sa botte la police de Cali, l'homme qui finance la moitié des parlementaires? Mais ça ne tient pas debout! Cette fois, j'en sais trop pour être dupe comme tous les Colombiens. Gilberto Rodríguez ne se cachait pas, il discutait de sa reddition avec le palais présidentiel! Non, j'en ai la conviction, ils ne l'ont pas arrêté, il s'est rendu. Pourquoi? Mais pour donner à Samper une bouffée d'oxygène naturellement! Au moment où Valdivieso décime les amis du Président, où la menace se rapproche, que fait le Président ? Il s'offre une victoire spectaculaire : sa police neutralise enfin le plus redoutable mafieux après Escobar. Qui osera maintenant prétendre que le Président a reçu de l'argent de Gilberto Rodríguez ? Des parlementaires en ont reçu, oui, peut-être, mais pas le Président. Voyez, il jette le vieux Gilberto en prison, c'est bien la preuve…

C'est alors que je décide de noter scrupuleusement tous les événements de façon à pouvoir un jour reconstituer le déroulement d'un scandale que je devine monumental. Et je commence par ces deux « coïncidences » qui me paraissent cousues de fil blanc : le lendemain de la certification conditionnelle des États-Unis, Jorge Eliécer Rodríguez est « arrêté » ; le lendemain de l'ouverture du procès 8000, Gilberto Rodríguez est « arrêté ». À quand la suite de cette étrange partie de ping-pong ?

Harcèlement sourd des États-Unis contre le régime, enquête judiciaire contre les plus en vue des parlementaires, embarras manifeste du président Samper : en ce printemps 1995, l'ambiance s'alourdit singulièrement en Colombie. Je ne suis pas la seule à avoir l'intuition qu'un orage terrible nous menace. Il semble que partout on retienne son souffle en guettant les premiers signes du déclenchement.

C'est dans ce contexte de désillusion et de mauvais présages que le magazine *Semana* révèle, le 22 juin, qu'un coup d'État militaire serait en préparation. Les gens s'attendaient au pire, le pire est-il ce coup d'État ? L'annonce en dit long, en tout cas, sur la fragilité du gouvernement Samper après seulement une année d'exercice.

Et, comme je m'y attendais, la partie de ping-pong reprend : en écho à cette rumeur de coup d'État, José Santacruz, que j'avais rencontré au côté des frères Rodríguez, est à son tour

« arrêté » le 4 juillet. Là encore, Samper aurait voulu démontrer à son opinion publique, aux militaires et aux Américains qu'il tenait la barre, qu'il ne s'y serait pas pris autrement. Mais pour moi, il devient clair que les dirigeants du cartel de Cali, en fait d'arrestation, volent au secours d'Ernesto Samper en se livrant obligeamment à sa police…

Le 26 juillet, cependant, l'affaire prend un tour redoutable pour le Président : Alfonso Valdivieso inculpe et fait incarcérer le trésorier de sa campagne, Santiago Medina. La nouvelle enflamme le pays. Medina a reconnu avoir touché des sommes considérables du cartel de Cali avec l'accord d'Ernesto Samper et de son bras droit, l'actuel ministre de la Défense, Fernando Botero. Son témoignage n'est pas encore entièrement dévoilé à l'opinion publique, mais on mesure la gravité de la situation à l'annonce que le chef de l'État s'adressera au pays le soir même.

Samper apparaît à la télévision métamorphosé. Il n'a plus rien du charmeur que j'ai connu. Il est bouffi, crispé, le regard traversé par instants d'une lueur hagarde. Si de l'argent de la mafia est entré dans ma campagne, soutient-il en substance, cela a été fait dans mon dos, par des gens qui ont trahi ma confiance. Un an auparavant, il prétendait qu'il n'y avait rien de vrai dans cette accusation, que c'était un complot des Rodríguez pour déstabiliser son gouvernement. Il convient cette fois que c'est peut-être vrai, mais qu'il ne l'a pas su.

Le 28 juillet, soit deux jours après ce premier séisme au sommet de l'État, la Chambre des députés, en majorité sampériste, prend une initiative apparemment paradoxale : elle autorise sa commission d'enquête à ouvrir une investigation à l'encontre du président de la République. La commission n'est pas là pour juger le chef de l'État mais pour dire s'il y a lieu ou non, au vu du dossier, d'engager une procédure judiciaire contre lui. Le président de la République bénéficie d'une immunité qui fait qu'Alfonso Valdivieso ne peut rien contre lui. En revanche, si la commission d'enquête parlementaire relève à son endroit des comportements délictueux, elle peut l'envoyer devant la Cour suprême.

La saisine de la commission a le mérite d'apaiser les esprits. Les Colombiens se disent qu'ils vont enfin savoir si leur Président a une part de responsabilité dans le financement de sa campagne par l'argent de la drogue. Pour ma part, j'ai la conviction que la commission ne monte en première ligne que pour dédouaner Samper, étouffer, à tout prix, le terrible sinistre qui menace.

Mais elle n'a pas le temps de se mettre à l'ouvrage qu'un second foyer d'incendie se déclare. Durant le week-end des 29 et 30 juillet, les deux plus proches collaborateurs d'Ernesto Samper, son ministre de la Défense Fernando Botero et son ministre de l'Intérieur Horacio Serpa, ont rejoint le Président dans sa résidence secondaire pour étudier à la loupe le dossier du procureur Valdivieso contre Medina, le trésorier emprisonné. Le lundi 31 juillet, Botero et Serpa convoquent une conférence de presse pour expliquer que les accusations de Medina ne tiennent pas debout, que si ce type balance le Président c'est dans le seul espoir d'alléger sa propre condamnation, etc.

Alors, il se produit un coup de théâtre.

— Vous dites que Medina a avoué ceci et cela, s'étonne un journaliste. Mais d'où le tenez-vous, puisque le dossier est couvert par le secret de l'instruction ?

C'est un moment de télévision inouï.

— Nous avons eu ces informations…, commence Botero, monsieur le ministre de l'Intérieur va vous dire comment…

Et aussi sec, il passe le micro à Serpa dont le visage s'empourpre. Bien sûr, ils ne peuvent pas avouer qu'ils ont volé le dossier d'instruction le temps d'un week-end.

Serpa hésite, bégaye.

— C'est une source anonyme qui s'est présentée au ministère de l'Intérieur, finit-il par ânonner, penaud.

Le mensonge est si manifeste que le lendemain, au nom de l'indépendance de la justice, les éditorialistes exigent la démission de ces Pieds Nickelés. Ainsi prend corps un scandale secondaire (le viol du secret de l'instruction par deux ministres) dans le scandale majeur (le financement de la campagne du Président).

Le 2 août, le ministre étoile, Fernando Botero, démissionne.

Encore une fois, il s'agit d'apaiser les esprits dans l'urgence. Pour moi, il est évident que Botero, en fusible dévoué, se grille pour protéger Samper. Il faut à tout prix éviter que le nom du Président ne soit mêlé à cette affaire crapoteuse, pitoyable.

Le 4 août, la commission d'enquête parlementaire se met officiellement au travail. L'accusateur Valdivieso lui a transmis les pièces lui permettant de se forger un avis sur le degré de responsabilité du chef de l'État dans l'énigme du financement de sa campagne.

Cependant, la commission est à peine assise qu'une première réponse explosive à ses interrogations lui est offerte par la télévision : le 5 août, est annoncée l'existence d'un enregistrement très compromettant avec les narcos. Il s'agit d'une conversation téléphonique entre Samper et une certaine Élisabeth Montoya, membre de la mafia, qui annonce à Samper l'arrivée de visiteurs. C'est un scoop de la revue *Semana* qui publie dans ses colonnes l'intégralité de cette conversation. Le ton ne laisse aucun doute sur les liens d'intimité qui unissent Samper et cette femme — à plusieurs reprises, celle-ci l'appelle « Ernestico »... — mais on comprend surtout que les fameux visiteurs de la mafia apportent des fonds à celui qui n'est encore que candidat à la présidence.

La diffusion de ce document, après les aveux du trésorier Medina, est objectivement catastrophique pour Samper. Elle intervient au moment où le sommet de l'État donne l'impression de perdre les pédales, de chanceler, avec la démission de Botero.

Que va dire Samper ? Que peut-il encore inventer pour échapper à ce tourbillon cataclysmique que plus personne ne semble contrôler ?

Eh bien, le lendemain, c'est-à-dire le 6 août, Miguel Rodríguez, le fougueux Miguel, est capturé ! Or je me souviens de Miguel écoutant son frère Gilberto évoquer sa reddition, les années de prison, et s'écriant : « En tout cas moi jamais je n'irai en taule. Plutôt crever. » Il s'est bien évidemment livré parce que seule l'annonce spectaculaire de son arrestation peut encore sauver Samper, retourner l'opinion. On le présente badinant avec une femme de la mafia ? D'accord, mais ça ne l'empêche pas d'embastiller les patrons de cette même mafia ! Et pourquoi les Rodríguez volent-ils à son secours ? Tout simplement parce qu'ils ont passé avec Samper l'accord qu'ils n'avaient pas eu le temps de conclure avec son prédécesseur, Gaviria : reddition sans extradition, quelques années de prison pour sauver les apparences, puis le bonheur dans l'opulence pour tout le clan. Samper a garanti leur sauvegarde aux Rodríguez en échange du paiement de sa campagne. Samper est le sauveteur des Rodríguez. Qu'il s'effondre et ils se retrouvent dans la tourmente, sous la menace d'une véritable incarcération à vie, avec en point d'orgue le probable retour de l'extradition. C'est pourquoi ils tiennent à bout de bras ce Président moribond en faisant don de leur personne l'un après l'autre, escomptant s'en sortir rapidement une fois Samper rétabli.

La prétendue arrestation de Miguel Rodríguez produit d'ailleurs l'effet médiatique espéré : elle occupe toutes les unes des journaux et relègue en pages intérieures les commentaires sur la conversation téléphonique du président avec Élisabeth Montoya.

Ernesto Samper peut s'enorgueillir d'avoir décapité le cartel de Cali. Le peuple est-il dupe ? On a le sentiment que les gens vivent l'oreille collée à la radio, groggy, s'attendant chaque matin à ce qu'un nouveau pan de ciel leur tombe sur la tête. Que peuvent-ils tenter pour reprendre en main leur destin ? Rien. Ils sont embarqués malgré eux sur un paquebot qui file à vive allure dans un épais brouillard.

Le 15 août, nouveau coup de tonnerre : l'ex-ministre Fernando Botero est inculpé par Alfonso Valdivieso de faux témoignages, enrichissement illicite, et incarcéré. En démissionnant treize jours plus tôt, il a en effet perdu son immunité ministérielle. La chute de l'homme qui avait incarné le scandale des Galil, un an auparavant, me paraît être l'œuvre de la providence. Mais vu l'ampleur de la crise que traverse l'État colombien, Botero n'est plus qu'un pion parmi d'autres. Je pense à son père, le peintre Fernando Botero, extraordinaire de bonté et d'altruisme sa vie durant, connu de tous pour son intégrité, et je souffre pour lui. C'est un homme que j'aime et que j'admire. Ce n'est pas juste, il ne méritait pas ça.

Un pion, disais-je, qu'on traite malgré tout avec mille égards. Botero n'est pas incarcéré avec les voleurs et les criminels, non, on a réquisitionné pour lui l'École de cavalerie, et la télévision nous le présente dans sa prison dorée, montant à cheval dans le parc, jouant avec ses enfants… Comme lui, tous les parlementaires incarcérés durant le procès 8000 jouiront de traitements de faveur. Sans oublier les Rodríguez qui vivent eux aussi dans un luxe insultant, alors même que les autres détenus subissent un cauchemar quotidien dans des prisons surpeuplées, allant jusqu'à devoir payer pour obtenir le « privilège » de dormir allongés. Que peuvent penser les Colombiens ? Il est clair que le système n'est pas fait pour dissuader ce mariage indécent entre la classe politique et la mafia. Même en prison ils y retrouvent leur compte.

Le lendemain 16 août, un drame me glace le sang : le chauffeur du ministre de l'Intérieur, Horacio Serpa, est assassiné en pleine rue. Pas n'importe où, à vingt mètres des bureaux du procureur Valdivieso vers lesquels il se dirigeait. Cet assassinat agit sur moi comme un révélateur terrifiant : ils ont tué cet homme au moment où il s'apprêtait à témoigner. Et comment ont-ils compris qu'il constituait une grave menace pour eux ? En lisant le dossier d'instruction de Valdivieso durant le fameux week-end ? Qui, « ils » ? Ernesto Samper, Fernando Botero, Horacio Serpa ? Pour la première fois, j'acquiers la conviction d'une part qu'ils sont coupables, sans aucun doute, d'avoir accepté l'argent de la mafia ; d'autre part, qu'ils sont prêts à tuer pour s'en sortir. Qu'Ernesto Samper, l'ami de ma mère, l'individu superficiel auprès duquel nous avons ri, est prêt à tuer pour sauver son pouvoir, sa réputation. Oui, cette mort est pour moi une sirène d'alarme : elle m'avertit que l'affaire va désormais prendre un tour criminel.

8

Dans l'instant où j'apprends l'assassinat du chauffeur d'Horacio Serpa, je prends la décision de rompre tous liens avec Ernesto Samper. Je n'apparaîtrai plus désormais aux réunions organisées par le Palais présidentiel pour les parlementaires, et je déclinerai toutes les invitations à des entretiens privés. Il faut impérativement que la justice se prononce sur la responsabilité de cet homme et ma vocation, en tant qu'élue, est de l'y aider.

Oui, il me semble que si j'ai maintenant un rôle à jouer dans la tragédie nationale qui prend corps, c'est celui de dénoncer systématiquement, chaque fois que j'en aurai les preuves, les mensonges du pouvoir et ce qu'ils dissimulent. Celui aussi de dire tout haut ce que les Colombiens, abasourdis, humiliés, réduits au silence, pensent tout bas. Plus que jamais je continue donc de tout noter, jour après jour, des faits et gestes des hommes qui nous gouvernent. J'ai conscience de me préparer à incarner la seule opposition véritable à ce régime.

Et les faits s'enchaînent à une vitesse vertigineuse.

Le 31 août de cette année 1995, deux semaines donc après l'« incarcération » de l'ex-ministre Botero, le Parti libéral prend à la demande de Samper une décision qui atteint des sommets en matière de cynisme : au nom du code d'éthique dont je suis l'auteur, il suspend Fernando Botero et l'ex-trésorier Santiago Medina. Samper tente ainsi de conforter sa dernière version selon laquelle ses deux collaborateurs auraient accepté « dans son dos » des fonds de la mafia.

Le 4 septembre, cependant, cette manœuvre pitoyable est pulvérisée par la publication dans plusieurs journaux de la première preuve irréfutable contre Samper : le fac-similé d'un chèque de trente-deux millions de pesos signé… Élisabeth Montoya, cette femme qu'on avait entendue sur les ondes un mois plus tôt l'interpeller par le tendre diminutif d'Ernestico.

Les Colombiens vont-ils descendre dans la rue, exiger le départ de ce Président dont l'indignité rejaillit sur tout le pays ? Non, ils se taisent, comme pétrifiés par l'horreur. Un an plus tôt, la divulgation de la cassette où l'on entendait les frères Rodríguez faire l'éloge de Samper avait soulevé leur indignation — ils voulaient croire en l'intégrité de leur Président. Cette fois, devant l'accumulation des éléments à charge, ils ne savent plus comment réagir, ni sur qui compter. On les dirait prostrés, résignés au pire, comme ces peuples martyrisés dont on comptabilise les morts mais dont la voix curieusement ne nous parvient plus… J'éprouve de la compassion pour ces gens que l'on piétine et je sens monter en moi une immense révolte.

Le séisme n'en finit plus : le 19 septembre on apprend que le comptable du cartel de Cali, Guillermo Pallomari, vient de fuir la Colombie pour se placer sous la protection des États-Unis. Si cet homme qui sait tout sur le financement de la campagne de Samper est parti, c'est évidemment qu'il a reçu des menaces de mort dans l'hypothèse où il s'aviserait de témoigner devant la justice. Et d'ailleurs, pour ceux qui en douteraient, la femme de Guillermo Pallomari, restée en Colombie, est assassinée quelques jours plus tard... Le message à l'adresse du comptable est celui-ci : si tu parles, on tuera tous les tiens. Il n'empêche que cet homme, désormais sous le parapluie des « gringos », constitue le pire des périls pour Samper. D'autant qu'Alfonso Valdivieso, l'accusateur public, demande officiellement aux États-Unis l'autorisation d'interroger Pallomari. La presse annonce déjà que l'enquête va se poursuivre là-bas...

Que peut encore inventer Samper pour inverser le cours de l'Histoire ? Je ne pense qu'à ça et la réponse m'arrive huit jours plus tard. Le 27 septembre, un attentat est perpétré en pleine rue contre l'avocat du président de la République, « el doctor » Cancino. Samper a désigné cet avocat pour plaider son dossier devant la commission d'enquête parlementaire. Étrangement, Cancino s'en tire avec une égratignure au doigt tandis que ses gardes du corps succombent, criblés de balles, leurs corps témoignant de la violence du feu. On nous raconte que Cancino, poursuivi par les tueurs, est parvenu à s'enfuir. Mais cette version ne me convainc pas. Cancino est un vieux monsieur bedonnant et je ne l'imagine pas une seconde grimpant par les rues pentues de Bogota pour semer les jeunes sicarios. J'ai l'intuition qu'il s'agit d'un coup monté et j'en cherche la clé. Elle m'est apportée le surlendemain par le plus fidèle complice de Samper, Horacio Serpa. Donnant une conférence de presse sur les circonstances de l'attentat, le ministre de l'Intérieur médite ostensiblement devant les caméras sur la question d'un journaliste — « Pensez-vous que les États-Unis aient une responsabilité quelconque dans cette affaire ? » — avant de laisser tomber : « Possible, possible, nous devons en effet nous interroger sérieusement sur ce point. » Et c'est parti ! Il n'en faut pas plus pour que s'élabore très vite la thèse d'un complot des États-Unis contre Samper.

Dès le lendemain, la presse s'enflamme, exaltant le sentiment national, caressant dans le bon sens la vieille xénophobie des Colombiens à l'égard des « gringos ». Et ça marche ! Ce peuple profondément dépité, immensément silencieux, ne demande qu'à croire ces pitoyables bobards. Il reprend espoir, redresse l'échine, et tandis que le sommet de l'État est en plein naufrage, on assiste à l'une des plus violentes poussées de xénophobie qu'a connues la Colombie ces dernières années. Oui, les États-Unis veulent abattre notre Président, oui ils veulent déstabiliser notre démocratie, ils ne supportent pas notre indé pendance, ils n'aiment la Colombie que servile, colonisée.. Durant ces semaines délirantes, épouvantables, les étrangers, quels qu'ils soient, se font insulter dans la rue. Dans les journaux, à la radio, il n'est plus question que de l'indépendance du pays menacé par l'aigle américain.

Cet épisode renforce ma conviction que Samper et les siens sont prêts à tout, même à faire tuer des innocents pour crédibiliser n'importe quel discours susceptible de remettre la balle dans leur camp.

Jusqu'où ? Et pendant combien de temps encore ? Car, alors même qu'on fustige l'impérialisme yankee, les hommes de Valdivieso, eux, sont partis vers les États-Unis pour recueillir auprès du comptable des frères Rodríguez ce qui pourrait faire voler en éclats le régime de Samper. Les Colombiens le savent, au fond, et cela ne fait qu'aiguiser leur amertume. Cette poussée de nationalisme ressemble à un ultime baroud d'honneur avant l'humiliation qu'on pressent. Jamais le climat n'a été si lourd, si empoisonné.

Le 2 novembre, un nouvel attentat vient doucher ces discours haineux et cocardiers : le leader conservateur Alvaro Gómez est assassiné. Depuis un an, Gómez était le seul homme politique d'envergure à réclamer ouvertement la démission d'Ernesto Samper. Tout le pays connaissait les liens étroits qui l'unissaient aux États-Unis, à tel point qu'il apparaissait comme le candidat de Washington une fois Samper déchu. Si sa mort laisse le peuple sans voix, c'est qu'elle ne peut être l'œuvre que de Samper, même si nul n'ose le dire tout haut, et à plus forte raison l'écrire. Fils de Laureano Gómez, le « Duce » colombien de sinistre mémoire (Président de 1950 à 1953), Álvaro Gómez est cependant devenu une personnalité de premier plan en Colombie : il s'est présenté à plusieurs reprises aux élections présidentielles et a notamment occupé le poste d'ambassadeur en France. Au moment de sa mort, à soixante-quinze ans, il bénéficie d'une aura intellectuelle et morale qui le place dans l'esprit des Colombiens au-dessus de la classe politique traditionnelle. On le consulte, il n'hésite pas à dire les vérités les plus dérangeantes, et il apparaît à beaucoup comme un recours.

Son assassinat précipite les gens de l'exaltation revancharde dans la terreur. Il est le signe que ce régime a basculé dans la folie, qu'il n'obéit plus à aucun principe, qu'il est capable de tout pour sauver sa peau. Tuer Gómez est une déclaration de guerre aux États-Unis et, à l'intérieur de nos frontières, à tous ceux qui prétendent faire face au régime : ça sera désormais la mort.

Maintenant, un homme représente une menace directe et redoutable pour le Président : Fernando Botero. L'ancien ministre de la Défense est dangereux, parce qu'il est toujours puissant, parce qu'il ne peut pas être éliminé, parce qu'il est en prison et pourrait être tenté de balancer tout ce qu'il sait pour en sortir. Jusqu'ici, contrairement à l'ex-trésorier, Botero s'est tu. Il est clair dans mon esprit qu'il attend une main tendue de Samper.

Et justement, le 10 décembre, voilà qu'on nous signale que le chef de l'État a rendu une longue visite à son ancien compagnon. Qu'un Président en exercice puisse aller converser en prison avec un ex-membre de son gouvernement soupçonné d'enrichissement illicite grâce à ses rapports avec la mafia étonnerait sûrement ailleurs mais ne surprend pas les Colombiens. Plus rien ne surprend les Colombiens. D'ailleurs, la télévision est là, qui nous montre les deux hommes arpentant gravement les allées du parc de l'École de cavalerie, où Botero est détenu, quatre heures durant...

Que se racontent-ils? La réponse à cette question nous arrive quelques jours plus tard, mais si bien masquée, si bien empaquetée, qu'il faut la perspicacité d'un Valdivieso pour nous alerter. À l'occasion du vote d'un texte de loi, le Sénat adopte un article minuscule qui n'a rien à voir avec ledit texte et qui stipule qu'on ne pourra désormais être inquiété pour enrichissement illicite que si l'origine des fonds est prouvée. Comme les frères Rodríguez ne sont toujours pas jugés, rien ne permet encore d'affirmer que les fonds perçus par Botero proviennent d'eux. Dès lors, si cet article est également adopté par les députés, il prendra force de loi et Fernando Botero recouvrera dans l'instant sa liberté.

Voilà donc ce que Samper a imaginé pour sauver son complice et le dissuader de parler. Les politiciens colombiens ont l'habitude d'accrocher ainsi à des projets de loi des articles dont le seul objet est de servir un intérêt particulier. On les appelle des « *micos* », des singes, car comme eux ils se suspendent avec habileté à n'importe quelle branche et passent le plus souvent inaperçus. Celui-ci va recevoir le nom de « narco-mico », mais il ne va pas passer inaperçu. Au contraire. Il va me donner l'occasion de m'engager frontalement, et pour la première fois, contre le régime.

Le « narcomico » arrive devant les députés le 15 décembre, soit cinq jours seulement après la visite de Samper à Botero. Ce qui me frappe d'emblée, c'est que l'hémicycle, d'ordinaire aux trois quarts vide, est noir de monde cet après-midi-là. Alors, je me remémore l'orgueilleux aveu de Gilberto Rodrí-guez : « La plupart de vos collègues députés sont payés par nous, doctora. Voulez-vous leurs noms ? » C'est inutile. À l'extrême fébrilité de tous ces hommes on devine qu'ils se sont donné le mot, qu'ils sont en effet tenus par les mêmes consignes venues d'en haut, par les mêmes intérêts aussi.

J'observe ce cirque avec une profonde répulsion. On attend le ministre de la Justice, Humberto Martínez, pour démarrer. Moi aussi je l'attends, et pour mieux le cueillir, je me suis même installée tout près des portes d'entrée.

— Bravo pour le « narcomico », lui dis-je. Vous êtes en train de négocier l'élargissement de Botero, eh bien comptez sur moi pour que ça se sache.

Je le sens complètement décontenancé. Mais c'est un homme habile qui sait esquiver les coups.

— Je suis aussi préoccupé que toi, murmure-t-il.

— Alors dis-le ! Au Sénat, on ne t'a pas entendu.

— Le gouvernement a donné des consignes mais ils m'ont laissé seul. Serpa n'est pas venu en renfort. Toi, Ingrid, parle, tu peux m'aider.

— Je ne vais pas me gêner.

À cet instant précis, les portes s'ouvrent et qui voyons-nous entrer ? Serpa, le ministre de l'Intérieur, porte-parole brillant et zélé d'Ernesto Samper, celui-là même qui avait trébuché lors de l'affaire du dossier d'instruction de Medina.

Je lui fonds dessus. Et, d'un ton narquois :

— Vous tombez bien ! J'ose espérer que vous vous êtes enfin dérangé pour retirer cet article indécent.

Il paraît suffoqué, bredouille quelques mots inaudibles comme un type qui se sent découvert, et s'éloigne.

Le débat s'engage.

Humberto Martínez prend effectivement position pour le retrait du « narcomico », faiblement, faisant passer son manque d'enthousiasme pour de la prudence, voire du respect envers l'Assemblée. Mais il est nerveux, mal à l'aise. Il parvient donc à soulever un vent de panique chez les élus. La tension monte de plusieurs degrés et je vois tous ces hommes corrompus se compter nerveusement. Ils n'ont rien à craindre, ils sont largement majoritaires. Pourtant cette tension, également perceptible chez Serpa, m'intrigue. J'ai l'intuition qu'il se joue en coulisses quelque chose dont je n'ai pas été prévenue. Pour en avoir le cœur net je m'éclipse et vais m'informer auprès des journalistes. Et là, coup de théâtre : j'apprends que la commission d'enquête parlementaire, censée plancher depuis le mois d'août sur la responsabilité de Samper, va rendre incessamment son verdict ! Voilà donc pourquoi Horacio Serpa a rappliqué dans l'urgence…

Je m'attends au pire et ma priorité absolue est de dénoncer tout haut, et le plus vite possible, ce que cache le « narcomico ». Je veux que le pays le sache et j'ai enfin les éléments pour dire à ce gouvernement ce que je pense de lui.

On me donne la parole.

— Savez-vous pourquoi notre Président est allé s'entretenir avec Botero dans sa prison de luxe ?

Je vois les visages se figer. La presse est là, on ne peut plus me faire taire. Alors je révèle le pacte secret qu'ont scellé Samper et Botero et je m'écrie :

— Nous savons tous que si le « narcomico » est adopté, c'est la fin du procès 8000. Et la fin des ennuis pour beaucoup d'entre vous et pour vos amis déjà détenus. Car vous êtes nombreux ici à avoir reçu de l'argent sale, à l'instar de Botero. Les Colombiens doivent savoir que si leurs élus ont répondu massivement présent aujourd'hui, ce n'est pas pour défendre telle ou telle mesure en faveur des plus défavorisés, mais pour sauver leur peau, pour échapper à la justice. Pourquoi le ministre Serpa se tait-il ? Pourquoi ne vient-il pas dire clairement à la tribune quelle est la position du gouvernement sur cet article inique, indigne ?

Tollé inouï dans l'hémicycle. On m'avait vue un an plus tôt croiser le fer avec Botero à propos du scandale des fusils Galil, mais ça ne remettait pas en cause la légitimité du gouvernement. Cette fois, si. Non seulement le scandale éclabousse gouvernement et Parlement, mais j'accuse le président de la République d'en être le principal artisan...

Je présume que Serpa va bondir à la tribune dès mon dernier mot pour m'éreinter. C'est un orateur redoutable, un homme qu'on écoute avec délectation tant il peut être flamboyant et... meurtrier. Or il ne bronche pas. Qu'attend-il donc ?

D'autres orateurs me succèdent ; près de deux heures s'écoulent. Et soudain, les portes de l'hémicycle s'ouvrent sous la pression d'une meute de journalistes surexcités. Ils cherchent Serpa qui comprend immédiatement et les rejoint. Des députés se lèvent, accourent. À mon tour, je m'élance.

Ça y est, la commission d'enquête vient de rendre publique sa décision : elle se refuse à dire quoi que ce soit, sous le prétexte qu'il n'existe aucun élément pour aller devant la justice.

En d'autres termes, elle « s'inhibe », selon le terme même employé par la loi colombienne. Samper est donc sauvé, il n'y aura pas d'enquête à son sujet. La commission ne s'est mobilisée que pour mieux étouffer le scandale. Écoutant la nouvelle, Serpa acquiesce avec componction, puis, en professeur de cynisme :

— Nous respectons l'avis des parlementaires. Avec sérénité, et prenant tout le temps nécessaire, ils ont étudié le dossier d'instruction et en ont conclu qu'il n'existait aucune charge contre le président Samper. Je m'en félicite. Pour le reste, j'ai confiance en la justice colombienne.

Aussitôt revenu dans l'hémicycle, Serpa prend la parole. Et, au nom de l'indépendance de la justice, il demande le retrait du « narcomico » introduit au Sénat, prétend-il, sans que le gouvernement ait été prévenu... À la seconde, je comprends que, désormais rassuré sur son sort, Samper lâche Botero. Drapé dans les grands principes, Serpa poursuit :

— Et nous n'acceptons pas les leçons d'éthique de cette parlementaire exaltée, Ingrid Betancourt, qui ose rapporter des ragots et soupçonner le chef de l'État et le gouvernement de comportements déshonorants.

Alors mon sang ne fait qu'un tour : j'exige de répliquer. Serpa feint de ne pas m'entendre. Je hausse le ton, il poursuit imperturbablement. Je me lève, Serpa continue, mais plus personne ne l'écoute : tous les regards convergent sur moi, et notamment ceux des journalistes. Notre règlement intérieur m'autorise en effet à répliquer, Serpa est dans son tort en me refusant la parole. Comme je ne cède pas, il finit par lâcher, furieux :

— Eh bien répondez, je vous en prie.

— Ce que le pays veut savoir, dis-je en m'emparant vivement de son micro, ce n'est pas ce que vous pensez de moi, c'est pourquoi vous n'avez pas dit au Sénat il y a dix jours ce que vous êtes en train de nous dire, à la Chambre des députés, aujourd'hui. Ce que le pays veut savoir, c'est pourquoi la position du gouvernement a changé d'une minute à l'autre au sujet du « narcomico », aussitôt connue la décision de la commission d'enquête parlementaire, qui sauve uniquement la peau du président de la République.

Et, envoyant valdinguer le micro, je le lui expédie en pleine figure, de sorte qu'il fait un bond en arrière pour l'éviter.

La presse a compris, mes collègues aussi. Le gouvernement les lâche, beaucoup d'entre eux finiront en prison. Botero vient de perdre sa dernière bataille. Le gouvernement le laisse couler tout seul. Serpa a parfaitement perçu le danger, le silence dans la salle est menaçant. Il opte pour un ton tout différent :

— Pardonnez-moi si je vous ai offensée, je me suis peut-être mal exprimé, si c'est un éclaircissement que vous me demandez, je vous le donne bien volontiers, etc.

Qu'importe ses mots, j'ai le sentiment d'avoir marqué un point en les débusquant publiquement.

Nous sommes à la veille des grandes vacances de Noël. La session parlementaire s'achève et je vois venir avec d'autant plus de soulagement ces semaines de repos que j'ai la conviction que Botero va parler. Je connais son ambition, la haute idée qu'il a de lui-même — il rêvait d'être président de la République —, je ne crois pas un instant qu'il va accepter de se sacrifier, de porter seul le poids du scandale, pour sauver Samper.

La solidarité gouvernementale elle-même s'effrite : après m'avoir hypocritement félicitée, le ministre de la Justice, Humberto Martínez, que j'avais senti si mal à l'aise, démissionne. En remerciement de son silence, on lui offre le poste d'ambassadeur en France...

J'ai rencontré quelques mois plus tôt Juan Carlos, mon futur mari. Ce sont nos premières vacances ensemble, nous allons enfin disposer d'un peu de temps pour nous. Nous restons quelques jours à Bogota qui prend à Noël le charme de Paris au mois d'août, les rues se vident, la vie y est plus facile, plus légère. Puis, nous partons avec les enfants pour le Parque Tairona. Dépaysement total. Nous logeons dans des paillotes au bord de la mer des Caraïbes. Derrière nous, la forêt vierge. Pas de radio, pas de télévision, j'ai l'impression que la guerre, la violence, les narcos, Samper, sont loin, très loin. Et pourtant, les rares touristes qui débarquent s'approchent systématiquement en me reconnaissant. J'en suis réduite à fuir, à m'isoler. J'ai besoin de me retrouver dans mon rôle de mère, entièrement, exclusivement. Juan Carlos me seconde amoureusement. Nous faisons des châteaux de sable, ramassons des coquillages et entraînons les enfants dans les vagues énormes de Tairona. Né à Carthagène, Juan Carlos a grandi dans les vagues.

Le soir, sans électricité, nous observons les étoiles. C'est aussi l'heure des confidences ; Mélanie veut s'entendre raconter ses premiers mois, le bébé qu'elle fut. Lorenzo réclame des histoires d'ours et de renard, telles que les lui invente son père. Ils s'endorment heureux et confiants.

Nous rejoignons Bogota reposés, sereins. Un soir de janvier, alors que Juan Carlos et moi sommes seuls, nous décidons de sortir. Juan Carlos a une vague envie de cinéma et moi je prendrais volontiers l'air. Aussitôt dehors, nous sommes frappés par l'étrange silence qui règne dans Bogota, on dirait que tous les citadins ont déserté la ville pour les plages de l'Atlantique. Nous roulons quasiment seuls sur ces avenues qui drainent habituellement un torrent furieux d'autobus bringuebalants, de camions, de voitures… Et soudain, alors que nous arrivons en vue de l'École de cavalerie où est « incarcéré » Botero, quelle n'est pas notre stupéfaction : des chars d'assaut ont pris position tout autour du mur d'enceinte.

— Juan Carlos, regarde !

— Oh merde ! Qu'est-ce qui se passe ?

— Je ne sais pas… Sûrement quelque chose de grave.

— On dirait un coup d'État, un truc de ce genre.

— Mais bien sûr ! C'est pour ça qu'il n'y a personne dans les rues… Rentrons vite écouter les infos.

Nous sommes le mardi 23 janvier 1996, date historique pour la Colombie désormais. À la télévision, Fernando Botero, interviewé par Yamid Amat, accable le président Samper. Oui, le cartel de Cali a financé sa campagne électorale ; oui, Ernesto Samper savait.

— Et vous ? lui demande Yamid Amat.

— Je n'étais pas dans la confidence, je ne savais rien.

Juan Carlos et moi nous regardons, consternés. Qui peut croire que Botero n'était pas au courant ? Mais peu importe : l'essentiel est que l'accusation cette fois émane du premier cercle et que Samper lui-même n'a pas les moyens de faire taire Botero. L'ancien ministre de la Défense, en mobilisant les chars d'assaut autour de sa « prison », apporte la preuve que l'armée le protège…

Touché, Samper réagit le lendemain en traitant son vieux complice de traître et de menteur. Il répète qu'il ne savait pas, que la transaction s'est faite dans son dos, et renvoie à son ancien ministre un argument de bon sens : comment Botero peut-il l'accuser d'un délit dont il aurait ignoré l'existence ? On ne peut pas savoir que quelqu'un sait ce qu'on ne sait pas !

C'est intelligent, certes, mais un peu court pour convaincre de son innocence un peuple méfiant et une opinion internationale toujours plus distante. Que peut faire Samper pour tenter de reprendre la main ? Puisqu'il ne démissionne pas, c'est qu'il travaille à une énième initiative destinée à reconquérir les plus crédules.

Le 30 janvier, son plan est prêt et il crée un véritable électrochoc à travers tout le pays : Samper demande à ce que les députés se réunissent en session extraordinaire pour dire si oui ou non il est coupable. En d'autres termes, il rejette la bienveillante neutralité de la commission d'enquête pour exiger qu'on rouvre son procès, en session plénière cette fois. « J'ai été acquitté, dit-il, mais après les nouvelles accusations portées contre moi le doute s'est immiscé dans l'esprit des Colombiens. Je leur dois la vérité. » Et pour forcer l'adhésion de ceux qui douteraient encore de sa bonne foi, il pousse plus loin le bouchon en demandant que l'intégralité de son procès soit retransmise en direct à la télévision. C'est une première, jamais la télévision colombienne n'a été autorisée à filmer une session en continu. Et quelle session : la mise en accusation d'un Président en exercice !

Le piège est impeccable : au nom de la transparence, Samper exige des députés qu'ils le jugent. Les Colombiens ignorent que l'écrasante majorité de cette assemblée est aussi corrompue que lui. Samper ne court donc aucun risque, contrairement aux apparences, et ce n'est évidemment pas un hasard s'il a spécifiquement demandé aux députés de se prononcer sur son sort par un vote à main levée : sous prétexte de transparence, il s'assure ainsi qu'aucun ne le trahira dans le secret des urnes.

Comment dénoncer ce traquenard ? Comment faire comprendre aux Colombiens qu'une fois de plus on va les tromper, se jouer de leur méconnaissance du monde politique, de son extrême vénalité ? Certes, l'assemblée plénière va débattre de la responsabilité du Président, mais c'est la même commission d'enquête, celle qui s'était obligeamment « inhibée », qui va introduire et maîtriser les débats. C'est donc auprès de cette commission qu'il faut agir, mais comment ?

Nous sommes plusieurs indépendants à être révoltés par ce qui se prépare et nous décidons de nous réunir quelques jours avant l'ouverture de la session. Il y a là María Paulina Espinosa et Guillermo Martínez Guerra, deux des « mousquetaires » de l'époque des Galil, et d'autres, dont une femme très remontée, Viviane Morales. C'est elle qui propose que nous fassions la grève de la faim pour exiger que certains d'entre nous entrent à la commission d'enquête.

— Je suis d'accord, dis-je, prenons solennellement l'engagement de nous mettre en grève de la faim dans l'enceinte du Parlement tant que les membres de la commission n'auront pas été renouvelés.

Forte de cet engagement, je prends la parole en assemblée plénière :

— Pour l'avenir de la Colombie, il est essentiel que le procès qui s'ouvre soit effectivement transparent car l'enjeu va bien au-delà du sort du président Samper. L'enjeu, c'est notre droit à la vérité, notre droit à écrire notre propre histoire, l'enjeu, c'est de savoir ce que nous raconterons demain à nos enfants ; l'enjeu, c'est de savoir si nous pourrons encore demain nous regarder dans une glace sans être submergés de honte. La commission, vous le savez, est composée des plus fidèles amis du Président. Nous sommes plusieurs à penser qu'un procès équitable passe donc par le renouvellement de ses membres. C'est à notre sens un préalable. Je l'affirme ici : nous sommes prêts à entrer en grève de la faim si ce renouvellement est refusé par l'assemblée.

Tollé, injures, dans une pagaille inouïe, la Chambre lève la séance et quand le silence retombe sur l'hémicycle nous ne sommes plus que deux sur les dix qui avions voté la grève : Guillermo Martínez Guerra et moi. On découvrira très vite que Viviane Morales, l'initiatrice fougueuse du projet, a été reçue par Samper le surlendemain de notre réunion et lui a vendu son âme contre des postes de fonctionnaires pour toute sa famille...

Nous voilà donc en grève de la faim. Pour combien de temps ? Deux ou trois jours, me dis-je, ils vont céder, c'est impossible autrement. Il faut donc s'organiser pour tenir. Nous appelons l'un et l'autre chez nous pour qu'on nous apporte affaires de toilette et couvertures. Puis nous délimitons un espace dans l'hémicycle et y installons notre campement.

Première nuit, traversée de moments d'euphorie. Nous sommes confiants. Guillermo Martínez Guerra, ancien pilote de chasse, a un moral d'acier. Mais le lendemain, quand l'hémicycle se remplit, que les travaux reprennent comme si nous n'existions pas, un sentiment de découragement nous gagne. Impression de se battre contre des moulins à vent. Des sourires entendus et goguenards de nos confrères, nous déduisons qu'on ne nous croit pas décidés à tenir bien longtemps. D'ailleurs, notre grève de la faim ne rencontre aucun écho dans le pays...

Au troisième jour, la presse s'en mêle tout de même, mais, comme on pouvait s'y attendre, de la pire façon. La télévision filme une livraison de plateaux de poulet et prétend qu'ils nous sont destinés. Les éditorialistes persiflent : ils font la grève de la faim le jour, mais la nuit ils s'empiffrent. Ou encore : pendant que le peuple crève vraiment de faim, lui, une bourgeoise fait du chantage en refusant de manger pour obtenir un poste dans une commission...

Le scandale enfle. Qu'on nous croie sincères ou non, maintenant les Colombiens ne peuvent plus ignorer que deux députés, deux des quatre « mousquetaires », font officiellement la grève de la faim pour un motif que les journalistes s'acharnent à tourner en dérision. Des policiers, dépêchés par le ministère de l'Intérieur, nous surveillent nuit et jour. Ils témoignent de l'inquiétude qui gagne le gouvernement. On sait bien, là-bas, que notre grève n'est pas feinte et qu'un jour viendra où il ne sera plus possible de raconter n'importe quoi sur sa motivation. Le temps joue en notre faveur.

La première véritable épreuve me tombe dessus le cinquième jour : mon petit garçon de sept ans, Lorenzo, refuse de s'alimenter, il vomit le peu qu'il prend et se déshydrate très vite. Le médecin ne voit pas d'autre solution que de l'hospitaliser. Au téléphone, ma mère est horrifiée, la voix pleine de sanglots.

— Amène-le-moi, maman, vite, s'il te plaît. Il faut lui expliquer que je ne suis pas en train de me laisser mourir, qu'au contraire je me bats, sinon il arrêtera de manger pour m'imiter.

Je me bats, oui, de toutes les forces qu'il me reste. Et Lorenzo va en être témoin. Il me découvre véritablement assiégée par ces journalistes de radio et de télévision qui nous traînent dans la boue depuis le premier jour. Révoltée, hors de moi, le cœur déchiré par le mal que tout cela fait à mon fils, je suis en train de leur expliquer que je n'en serais pas là si eux faisaient leur boulot, s'ils dénonçaient la corruption de ce gouvernement au lieu de couvrir ses bévues. Climat de fièvre et de confrontation indescriptible. La police observe, les journalistes, si farauds à l'extérieur, semblent soudain tétanisés. Ils s'écartent pour laisser passer Loli.

A-t-il compris, là, que je suis du côté de la vie ? Que sa maman ne va pas mourir, comme on le lui prédit à l'école ?

— Pourquoi est-ce que je ne mange pas, Loli ? Parce que

je veux qu'on m'écoute. Des gens font des choses très graves au gouvernement, Guillermo et moi le savons, mais on refuse de nous entendre. Parfois tu te jettes par terre et tu cries quand je ne t'écoute pas, eh bien aujourd'hui, je fais un peu pareil. À mon âge, ça n'a aucune importance de ne pas manger, c'est un sacrifice parce que je suis gourmande, mais je ne vais pas mourir, Loli, au contraire, je vais gagner, bientôt les Colombiens vont entendre et croire ce que je dis. Mais pour continuer je dois être forte, courageuse, et je n'aurai pas ce courage si toi tu ne manges pas. Écoute-moi, Loli, j'ai besoin que tu manges pour continuer. Tu comprends, j'ai besoin que tu manges. Aide-moi !

— Tu n'es pas malade alors ?

— Mais non je ne suis pas malade ! Je vais très bien. C'est une décision que j'ai prise parce que je suis en colère. Quand on m'écoutera, je ne serai plus en colère et je rentrerai à la maison.

Deux heures durant, nous parlons ainsi et Loli me quitte rasséréné. Il a retenu mon combat — mon combat est un gage de vie. Le soir même, il prend normalement son dîner, il n'ira pas à l'hôpital.

Pour moi, c'est une première et immense victoire.

La seconde m'est apportée par le lent revirement de la presse à notre égard. Notre grève de la faim provoque une émotion croissante à l'étranger et on a le sentiment que les journalistes colombiens en découvrent la portée en lisant la presse internationale. Ah bon, les journalistes français, allemands, américains, japonais ne ricanent pas, eux ? Après tout, on devrait peut-être y regarder de plus près… Et ces gens qui s'étaient ouvertement fichus de nous passent de l'incrédulité à une neutralité bienveillante et bientôt admirative. Ils se décident à noter qu'il y a une cohérence dans le combat que je mène, des

170

préservatifs contre la corruption de ma campagne électorale à cette grève de la faim, en passant par la dénonciation du scandale des Galil. Enfin ils me reconnaissent, ils honorent notre engagement et pour nous qui sommes enfermés, c'est la certitude que les Colombiens à leur tour vont comprendre, nous soutenir. La certitude aussi que nous marquons des points contre nos « confrères » députés dont l'entêtement à maintenir la commission en l'état paraît de plus en plus suspect.

C'est à eux que je m'adresse, en séance plénière, après plus d'une semaine de grève de la faim. L'assemblée en est encore à débattre des modalités du procès. Dans les jours précédents, pendant qu'on ricanait de nous, Samper, ostensiblement, a reçu au Palais présidentiel tous ceux qui tiennent le pouvoir en Colombie : grands industriels, leaders politiques, syndicalistes, et tous l'ont assuré de leur soutien, parce que aucun n'ose parier sur sa chute et que Samper, pensent-ils, saura les remercier. Les députés, de la même façon, sont tenus par l'appât du gain. C'est ce que je veux leur dire, les yeux dans les yeux, et au-delà d'eux m'adresser aux Colombiens.

— Vous vous jouez de la crédulité du peuple. Ça n'est pas un procès que nous entreprenons, c'est une comédie, pitoyable, dérisoire, et vous le savez bien. Vous prétendez juger un homme mais vous avez tous un intérêt objectif à ce que cet homme s'en tire. Demain, il jettera à chacun d'entre vous un os en remerciement de votre soutien…

Jamais je ne leur ai lancé au visage de mots si durs et cependant jamais je ne me suis sentie si sereine, si sûre de moi.

L'absence de nourriture me donne un sentiment d'irréalité, un sentiment de puissance aussi, comme si je n'étais plus vraiment parmi eux, comme si je tirais ma force d'une source supérieure, irréductible. Et ces gens qui ne me saluent plus depuis des mois, qui me haïssent, sont touchés malgré eux. Comme fascinés. Pas un ne m'interrompt. Je parle, je dis l'indicible. Quelques heures plus tard, étonnés par leur propre silence, ils seront nombreux à m'accuser de « chantage moral » dans les couloirs du Parlement. Et les plus mécontents contre eux-mêmes iront jusqu'à confier aux journalistes : « Elle peut bien crever, on ne cédera pas. »

C'est faux, des conciliabules sont déjà engagés pour donner aux Colombiens le sentiment que la commission n'est pas constituée seulement de sampéristes. On fait entrer trois conservateurs d'opposition, mais suffisamment corrompus pour ne prendre aucun risque. La presse s'en félicite tapageusement. Ce que j'en pense ? « C'est une énième tromperie, vous le savez parfaitement mais vous vous gardez bien de l'écrire… »

C'est dans ce contexte que je reçois la visite de mon père. Il rentre d'un long voyage à l'étranger et se précipite au Parlement. Autant je ne lis qu'incompréhension et inquiétude dans les yeux de maman, et cela depuis le premier jour, autant le regard serein de papa témoigne de l'orgueil, de la fierté que je lui inspire. Oh, ce regard ! À l'instant où je le croise, mon cœur se gonfle de joie. Papa s'assied, me prend la main. « Maintenant que tu en es là, me dit-il gravement, tu n'as plus que deux solutions : soit tu l'emportes et tu sors du Parlement la tête haute, soit ils ne cèdent pas et tu dois aller jusqu'au bout, Ingrid, jusqu'au bout. Il faut que tu te prépares à cela… » Oui, la solidarité de mon père, son soutien, va jusqu'à envisager ma mort. Aucun témoignage ne pouvait plus sûrement me libérer, m'indiquer plus clairement la voie à suivre.

Hasard, ou stratégie finement pensée ? Des travaux sont entrepris dans l'hémicycle durant les longues heures où les députés ne siègent pas. On restaure le plafond, on démonte les huisseries, de sorte que toutes les nuits un vent glacé tourbillonne autour de nous. On fait du plâtre, du ciment, et les courants d'air soulèvent une poussière âcre, irrespirable. Affaiblie par dix jours de grève, je tombe malade. Mon pouls faiblit, je ne parviens plus à m'oxygéner. Les médecins qui me suivent jugent désormais périlleux que je reste dans cette ambiance. Je refuse l'hospitalisation et on m'apporte des bouteilles d'oxygène. Je survis maintenant allongée sous un masque que je retire quand des journalistes passent.

Il arrive finalement ce que les médecins craignaient : après deux semaines sans nourriture, terrassée par la fièvre, je tombe dans un état de profonde inconscience dont je n'émerge qu'à l'hôpital, sous perfusion. Mon père est là, nos regards se croisent de nouveau, à l'instant même où je comprends, et les larmes me viennent, je suis tellement désolée ne n'avoir pas tenu jusqu'au bout... Alors lui :

— Tu es allée jusqu'à l'extrémité de tes forces, Ingrid, jusqu'à ce que ton corps te trahisse. C'est bien, tu peux être fière. En tout cas, moi, je le suis pour deux...

Il sourit, j'essaie de lui rendre son sourire, mais j'éprouve un tel sentiment d'échec que ce sont des sanglots qui me submergent.

Oui, à ce moment-là, j'ai la conviction que toute cette souffrance — la mienne, mais aussi celle de Loli — a été vaine, que tous ces sacrifices que nous nous sommes imposés n'ont servi à rien. Or je me trompe, je vais le découvrir dans les mois à venir. Ma grève de la faim a dessillé les yeux des Colombiens. Ils ont entendu mon message, compris qu'on les trompait, qu'en permanence le jeu était truqué, et sans que j'en aie encore conscience, une relation de confiance est née entre eux et moi durant ces deux semaines. Jamais ils n'oublieront combien la presse a été infecte, mensongère, en prétendant notamment que je mangeais en cachette, et désormais — j'aurai maintes fois l'occasion de le constater — les journalistes pourront raconter n'importe quoi sur mon compte, les Colombiens ne croiront que ce que je leur dirai, moi. On pourra me présenter vingt contradicteurs, organiser des plateaux de télévision en forme de procès contre moi, rien n'y fera.

À cet égard, cette grève de la faim marque un tournant essentiel dans ma vie : elle scelle un lien particulier entre les Colombiens et moi, un lien sur lequel aucune campagne de diffamation n'aura plus prise et qui me permettra, deux ans plus tard, d'être élue sénateur avec le meilleur score du pays, sans le soutien pourtant d'aucun parti politique.

Pendant que les députés s'apprêtent à mener le procès truqué du président de la République, la justice poursuit son travail sous l'autorité de l'accusateur Valdivieso. Elle n'a pas le pouvoir d'inculper et de juger le Président qui bénéficie d'une immunité, mais elle a celui d'entendre tous les témoins et par là d'établir implicitement la culpabilité d'Ernesto Samper. Le trésorier Medina et l'ancien ministre Botero ont parlé, les dégâts sont terribles pour Samper. Il ne veut plus d'autres témoins. Le chauffeur du ministre de l'Intérieur, Horacio Serpa, l'a déjà payé de sa vie.

Le 1er février 1996, Élisabeth Montoya est à son tour assassinée. Cette femme qui détenait toutes les preuves de la culpabilité de Samper, dont la presse avait publié la copie du chèque de trente-deux millions de pesos qu'elle lui avait remis, est retrouvée tuée de dix balles dans le vagin, dans un appartement du sud de Bogota. On veut faire croire à un crime passionnel. En réalité, et j'en aurai très vite la confirmation, Élisabeth Montoya, lâchée par les Rodríguez, harcelée par les sbires de Samper, avait pris contact avec l'accusateur Valdivieso. Elle vivait dans la terreur, ne sachant plus que tenter pour échapper à une condamnation qu'elle pressentait. Les semaines précédant sa mort, elle avait entrepris de rassembler tous les documents bancaires prouvant les transferts de fonds effectués en faveur d'Ernesto Samper. Elle comptait fuir la Colombie avec ces documents, persuadée qu'ils étaient sa meilleure protection…

Le 1er mars, quelques semaines avant l'ouverture du «procès» du chef de l'État, les États-Unis adressent au pays, et au monde entier, un message sans équivoque : ils «décertifient» la Colombie. En d'autres termes, la Colombie n'est plus fréquentable à leurs yeux. Ils ne sauraient mieux exprimer qu'ils ont la conviction, et vraisemblablement toutes les preuves, que Samper a bien été financé par l'argent de la drogue.

Dans une démocratie digne de ce nom, un tel désaveu international frappant un Président jetterait pour le moins le trouble dans l'esprit des parlementaires appelés à «juger» celui-ci. L'effet sur le Parlement colombien est tout autre. C'est une solidarité, un esprit de corps qui en découle pour la majorité de mes confrères, eux-mêmes très liés à la mafia.

Mais le 5 mars, il se produit un événement qui atteste pour moi du trouble… de la mafia : José Santacruz est abattu alors, nous dit-on, qu'il tentait de fuir. Il était emprisonné avec les trois frères Rodríguez. Pourquoi Santacruz a-t-il soudain décidé de rompre ce pacte silencieux en s'échappant? Pour moi, son geste est la preuve que les patrons du cartel de Cali sont en train de prendre conscience qu'ils se sont fait piéger par Samper : s'ils lui servent la soupe, comme ils l'ont fait jusqu'à présent, ça l'arrange plutôt. S'ils disent du mal de Samper, ça lui fait un bien dément. Bref, ils n'ont plus aucune monnaie d'échange, ne voient plus comment ils vont négocier leur liberté, et à mes yeux Santacruz est le premier à perdre patience. Il le paie de sa vie.

Pour ce qui me concerne, je me remets péniblement, durant

ce mois de mars, de ma grève de la faim. Mais la date officielle d'ouverture du « procès » de Samper approche et je commence à remobiliser mes forces. Mon amie Clara, qui avait mené campagne avec moi pour la députation, m'offre son concours. Elle est juriste, je ne me doute pas encore combien son aide va m'être précieuse. Nous nous retrouvons chez moi comme au bon vieux temps à refaire le monde, celui de la Colombie en particulier, autour d'un café et de l'épluchage systématique des journaux.

— Ils disent que les parlementaires peuvent se procurer tout le dossier d'instruction de Valdivieso, pourquoi ne pas les prendre au mot ?

— Il y a des milliers de pièces, Clara, c'est complètement irréaliste, mais tu as raison, prenons-les à leur propre jeu. Regardez comme nous sommes transparents, jurent-ils, la main sur le cœur, eh bien d'accord mes petits amis, on va jouer la transparence, nous aussi, mais jusqu'au bout, hein ! Jusqu'au bout !

Le dossier de Valdivieso est mis à notre disposition en effet. La présidence, prenant à témoin les Colombiens de sa bonne foi, est allée jusqu'à le faire imprimer dans le Journal officiel. Mais par fragments sans queue ni tête, dans un désordre inextricable, de sorte qu'il est impossible d'y trouver un soupçon de cohérence et que l'on renonce à le lire sous peine de devenir chèvre. Pas Clara. Clara est rompue à ce genre de puzzle. Les pièces s'accumulent, occupent toute la table de la salle à manger, gagnent le tapis, colonisent bientôt le vestibule et les chambres à coucher, mais Clara ne renonce pas, et moi non plus. Ciseaux et agrafeuse en main, nous reconstituons les dépositions, ouvrons autant de dossiers qu'il y a de témoins, rétablissons la chronologie, et, avec un acharnement inimaginable, parvenons à restituer limpidité et cohérence à ce qui n'était qu'un gisement de paperasses rendues savamment inexploitables.

On y a passé des nuits et des jours mais quand, finalement, nous nous plongeons dans ce labyrinthe inouï, géant, je mesure quel miracle vient d'être accompli : ce dossier est une bombe atomique, non seulement pour Samper, mais pour toute la classe politique colombienne. Tout y figure, et bien au-delà de ce qu'on pouvait espérer. En marge des témoignages accablants pour le chef de l'État, on découvre sa comptabilité secrète de candidat, les preuves des sommes qu'il a versées à chaque élu pour s'assurer de son soutien et, à travers lui, du soutien de ses électeurs. Ainsi, le système de corruption pyramidale propre à la Colombie est pour la première fois dévoilé dans son ampleur, chiffres à l'appui. Les élus ont signé des reçus au candidat Samper, et ces reçus sont là, sous nos yeux. Et que constate-t-on ? Que la plupart des députés qui s'apprêtent aujourd'hui à « juger » Samper sont signataires de ces reçus. Ces hommes qui clament haut et fort leur souci de transparence, d'éthique, ont donc reçu illégalement de l'argent de celui qu'ils prétendent mettre en cause. Comment le pourraient-ils, alors que Samper les tient, qu'ils sont objectivement ses complices ? Il y a là de quoi dynamiter le procès et révéler aux Colombiens les dessous peu reluisants de notre système politique.

À moi de parvenir à trouver les mots pour faire de cela un discours qui « parle » aux millions de gens qui vont suivre le procès sur le petit écran. C'est un pari difficile, presque impossible, car on ne fait pas de grandes plaidoiries avec des éléments comptables. J'ai compris que la stratégie de Samper, une fois innocenté par ses complices, sera de dire : Regardez, ils ont eu tout le loisir d'éplucher les pièces de l'instruction et ils n'ont rien trouvé contre moi. N'est-ce pas la meilleure preuve de mon innocence ? Je veux me mettre en travers de son chemin, le prendre à son propre jeu. Oui, voilà.

Le procès s'est ouvert le 22 mai et, comme on pouvait s'y attendre après la « décertification » des États-Unis, ce ne sont qu'appels vibrants à resserrer les rangs autour de notre Président que les « gringos » rêveraient de chasser pour le remplacer par un homme à eux et humilier la Colombie... Samper a-t-il eu vent du travail considérable que Clara et moi avons entrepris ? Depuis ma grève de la faim, j'ai la sensation presque palpable d'être suivie, épiée. J'aurai plus tard la preuve qu'en effet des policiers se relaient pour noter mes faits et gestes et que mon téléphone est sur écoute.

Je dois parler le 11 juin. Une dizaine de jours plus tôt, le concierge, comme d'habitude, me tend ma pile de courrier. J'arrive du Parlement, il n'est pas loin de vingt heures et je m'apprête à plancher une partie de la nuit sur la énième mouture de ma démonstration publique. Dans l'ascenseur — j'habite au huitième étage —, je jette un œil distrait sur les enveloppes : des factures, des relances publicitaires, et tiens, une lettre manuscrite. Les lettres manuscrites, je les ouvre en priorité, car elles sont généralement chaleureuses, familières. Je sors mes clés, j'entre, j'allume. L'appartement est silencieux, Mélanie et Lorenzo dorment cette nuit-là chez leur père. Quelque chose est tombé de l'enveloppe que je ramasse machinalement tout en commençant à lire dans le vestibule. Une page de grossièretés, d'injures, dont le dernier paragraphe me coupe le souffle : on m'annonce qu'on va désormais veiller à ce que mes enfants paient pour ce que je fais. C'est la première fois, jamais leur existence n'avait été évoquée au fil de mes précédents combats contre la corruption. Alors l'idée me traverse de regarder ce que j'ai ramassé un instant plus tôt. Une photo : le corps d'un enfant découpé en morceaux.

D'abord la colère l'emporte sur l'effroi et je broie cette horreur, rageusement, stupidement, avant de l'écraser du pied au fond de la poubelle. Pour reprendre haleine, respirer, vivre quelques secondes encore comme si ça n'avait pas existé, comme si je n'avais rien vu. Ils ne m'intimideront pas. Et puis non, je ne peux pas, c'est complètement irresponsable. Ces gens-là tuent, tuent pour de vrai. Ces derniers mois : le chauffeur de Serpa, Alvaro Gómez, Élisabeth Montoya, José Santacruz... Ces visages clos, photographiés par la police et que la presse a largement diffusés, défilent dans ma mémoire. Oh, mon Dieu ! Je retourne à la poubelle. Appeler Fabrice, oui. Tout de suite. Tout de suite.

— C'est moi !... Les enfants sont près de toi ?

— Ils dînent, je te les passe ?

— Non, ne les dérange pas. Il faut qu'on se voie, Fabrice, c'est très urgent, je ne peux pas te parler au téléphone.

— Tu as des ennuis ?

— Oui. Écoute, appelle-moi dès qu'ils sont couchés et je passe.

Nous n'habitons pas loin l'un de l'autre, à proximité de l'ambassade de France où travaille Fabrice et du Lycée français que fréquentent les enfants, comme ma sœur et moi petites. Mélanie a dix ans et Loli bientôt huit.

— On les fait partir demain, Ingrid. J'appelle ma mère, elle les attendra à Roissy.

Oui, c'est ça, demain. Pas une journée de plus dans ce cauchemar. Dans la nuit, nous bouclons leurs valises. L'ambassade de France est prévenue, une escorte sera là aux premières heures. Ils s'envoleront pour Paris par l'avion de l'après-midi. En attendant, ils seront à l'ambassade, sous protection.

Au réveil, ils sont un peu perdus. Comment leur expliquer qu'ils doivent s'en aller sans dire au revoir aux professeurs, aux camarades, en abandonnant livres et cahiers ? Bref, qu'ils doivent s'enfuir comme des voleurs ? Ils se satisfont de vagues prétextes. Pendant quelques jours, ils seront plus en sécurité en France, oui, du fait de ce qui se passe au Parlement. L'agitation l'emporte sur les mots, allez, allez, mes chéris, il faut faire vite, les gens de l'ambassade attendent, on en reparlera plus tranquillement dans quinze jours. Et embrassez bien mamie, surtout, elle est tellement contente de votre venue...

Et moi tellement soulagée de les savoir bientôt chez elle !... J'imagine déjà leur arrivée, leur grand-mère les étreignant à leur descente d'avion, les rues de Paris lumineuses sous le soleil de juin, leurs chambres d'enfants dans la ville de province lointaine et si paisible où habite la mère de Fabrice. Je parviens même à sourire intérieurement, et cependant leur départ marque une première alerte dans ma vie de femme, de mère : pour la première fois, mon activité politique rejaillit gravement sur les miens. J'avais à peu près réussi jusqu'à présent à préserver ma famille des violences inouïes du débat public en Colombie — si l'on excepte l'anorexie de Lorenzo pendant ma grève de la faim. Désormais, je ne peux plus ignorer que ce que j'entreprends publiquement risque de bouleverser profondément l'existence de ceux qui me sont le plus proches, le plus précieux.

Mais pour l'heure, l'éloignement de Mélanie et Lorenzo décuple mes forces. Cette fois, à part me tuer — et ils ne me tueront pas —, ils ne peuvent plus rien tenter pour m'empêcher de parler. Nous sommes alors à huit jours de mon intervention et la pression est terrible. Beaucoup de gens m'attendent à travers tout le pays. Le prétendu procès du Président est devenu le feuilleton préféré des Colombiens qui, dès dix-sept heures et jusque tard dans la nuit, se plantent devant leur télévision. Ils espèrent follement que quelqu'un va enfin dire tout haut ce qui se chuchote à tous les coins de rue et ce quelqu'un, de l'avis général, devrait être moi. Ce rendez-vous avec les Colombiens me hante. Je n'ai aucun doute sur l'issue du « procès », mais j'ai la conviction que le peuple dépassera cette énième tromperie si je sais lui donner espoir.

— Juan Carlos, il faut que tu me trouves un signe, une sorte de logo qui soit comme un clin d'œil adressé aux gens. Il faut que d'emblée une complicité s'établisse entre eux et moi…

Mon mari, architecte devenu publicitaire, est mon plus proche conseiller pendant ces jours de fièvre. Sensible, discret, il a une grande capacité d'écoute.

— J'ai compris, laisse-moi réfléchir. Demain, je te ferai une ou deux propositions.

Le lendemain, Juan Carlos m'apporte un dessin d'éléphant, et j'éclate de rire. Mais bien sûr! On ne parle depuis des jours que de la réflexion grinçante de l'archevêque de Bogota à qui un journaliste demandait : « Croyez-vous que Samper a réellement pu ignorer les sommes considérables englouties dans sa campagne? » Et le prélat : « Écoutez, quand un éléphant entre chez soi, il est difficile de ne pas le voir, non? »

— C'est génial, Juan Carlos! C'est génial! Il faut que je porte cet éléphant sur moi le 11 juin.

— Je m'en occupe, on ne verra que lui, ne te fais pas de souci.

Il me reste maintenant à obtenir du Parlement qu'il me donne le créneau horaire le plus prisé de la journée : dix-sept heures-vingt heures. Or, *a priori*, on voit mal pourquoi la présidence de la Chambre, ultra sampériste, me ferait ce cadeau. Le 11 juin au matin, alors que je suis encore chez moi, on m'apprend que je figure effectivement en tête de liste des intervenants, programmée à midi. Eh bien voyons! Pourquoi se gêner ? C'est vraiment ce qu'on appelle un enterrement de première classe… Ils se fichent de moi ? Très bien. Je décide de ne pas me présenter au Parlement avant seize heures, et d'ici là de disparaître. Comme toute la presse annonce mon intervention comme l'événement de la journée, ils seront bien obligés de me donner la parole à l'heure de mon choix.

On me fait chercher, c'est l'affolement général. Plus le temps passe, plus il apparaît évident que je vais me retrouver sur le petit écran dans le pire des créneaux horaires pour eux. En désespoir de cause, la présidence fait suspendre la séance. Ça m'arrange plutôt, à la reprise, je serai la première à parler. Mon arrivée est saluée par des crises d'hystérie dans les couloirs.

— Tu te prends pour qui ? Tu crois que tout le pays doit s'adapter à ton emploi du temps ? Les gens se foutent bien de toi…

— Eh bien, tant mieux pour vous s'ils se foutent de moi, mais je ne parlerai pas avant dix-sept heures, c'est comme ça.

À la présidence, on s'étouffe de rage. Cependant la presse est partout, l'excitation à son comble, ils ne peuvent plus rien contre moi.

— D'accord, tu parles à dix-sept heures, mais pas plus d'une heure.

— Désolée, je parle à dix-sept heures et j'en ai pour trois heures. Jusqu'ici, chacun s'est exprimé autant de temps qu'il le souhaitait, aucun article du règlement ne vous autorise à limiter mon temps de parole.

Regards assassins, portes qui claquent. C'est étrange comme leurs gestes de colère, leurs mots de haine m'amusent au lieu de m'atteindre. Après ces semaines d'insomnie et de fièvre, j'ai soudain la sensation de flotter dans une sorte de félicité. Je pense aux Colombiens avec qui je poursuis un dialogue sincère sur les malheurs que nous partageons, avec qui je construis un avenir malgré tout, par-dessus la tête d'une classe politique que l'indignité gangrène implacablement.

Il est exactement dix-sept heures quand je monte à la tribune. Pour trancher nettement avec cette assemblée d'hommes congestionnés et furibonds, je porte une minijupe bleu clair et une veste du même ton sur un simple tee-shirt. Toutes les caméras me font face. Alors j'enlève ma veste et apparaît, imprimé sur mon tee-shirt, l'éléphant de Juan Carlos avec cette phrase en lettres capitales : « SEULEMENT LA VÉRITÉ ! » Voilà, le ton est donné, et la consternation se lit sur les visages. Consternation assassine, mais impuissante. Je dis tout de suite que ce tee-shirt, que les Colombiens découvrent simultanément, va s'arracher dans les mois à venir, comme pour prolonger dans la rue ce pied de nez au président Samper et à ceux qui prétendaient jouer la transparence dans ce procès d'opérette.

L'histoire du naufrage que vit la Colombie, je la raconte alors en parlant de moi, de ma propre candeur, et très simplement, comme si je devais l'expliquer à Mélanie et Lorenzo.

— J'étais une amie politique de Samper. Rappelez-vous, je l'ai soutenu dans sa campagne. Quand la rumeur a commencé de courir que la mafia l'aurait financé, j'ai souri. Allons, les adversaires dépités de notre jeune Président perdaient leur sang-froid ! Qui pouvait croire de telles insinuations ? Samper parla d'un complot de la mafia et j'applaudis, en bon petit soldat. Diable de mafia qui ne respectait rien, même plus le palais Nariño !... Eh quoi, les gringos marchaient dans ce piège ? Ils menaçaient de décertifier la Colombie ?... Allons, allons, notre indépendance leur fait peur, trancha sereinement Samper, et une fois encore j'applaudis des deux mains. Mais voilà que des gens parlent, que des documents troublants surgissent ici et là.

Je ne demande encore qu'à croire notre Président, mais notre Président soudain ne parle plus de complot, non, il dit qu'en effet, à y regarder de plus près, la mafia a peut-être bien financé sa campagne, mais alors sans qu'il le sache. Ses plus proches conseillers l'auraient su, eux, mais pas lui. Lui serait blanc comme neige et aurait dépensé ces millions de pesos en toute innocence… Je vous le dis, même une gourde comme moi a eu un peu de mal à avaler cela. D'autant que d'autres documents nous arrivent. Tenez, je les ai là, je les montre à la caméra pour que vous puissiez vous aussi vous faire une idée.

Et, pendant des heures, je présente aux Colombiens les preuves irréfutables de la culpabilité du Président. Nous parcourons ensemble ce labyrinthe reconstitué avec Clara, fait de témoignages, reçus, photos, lettres, discours. Je raconte aux Colombiens une très sombre histoire, l'histoire de cet homme prêt à tout pour devenir président de la République, lié aux Rodríguez depuis de longues années, convaincu, sûrement, d'agir selon les codes d'une société trop permissive et dénué, lui-même, de tout scrupule. Je raconte l'histoire d'un leader qui a froidement trompé son peuple, qui s'est moqué de la Colombie.

— Pour moi, dis-je encore, la découverte de ces documents est un coup terrible. Heureusement, nous sommes en démocratie, et pendant que le Président tente maladroitement de se justifier, la justice, elle, poursuit son bonhomme de chemin. Un Président qui laisse agir la justice pourrait bénéficier du doute. Sauf s'il cherche à manipuler le procès, allant jusqu'à acheter la commission d'enquête. J'aurais tellement voulu continuer de croire en cet homme ! Au premier mort, cependant, mon sang se glace. Qui a tué le chauffeur du ministre de l'Intérieur à l'instant où il s'apprêtait à témoigner ? Qui avait intérêt à ce que cet homme se taise définitivement ? La police, étrangement, n'arrête aucun suspect. Le recherche-t-elle seulement, ce suspect ? On n'en a pas le sentiment. Puis voilà que l'un après l'autre tombent les témoins sous les balles de tueurs mystérieux... Tout à l'heure, je vous ai montré les preuves que notre Président ment. Ça n'est pas le plus grave. Le plus grave, voyez-vous, c'est que j'ai la conviction aujourd'hui que notre Président est un délinquant, un criminel...

Silence de mort dans l'hémicycle. Jamais de tels mots n'y ont été prononcés. Je n'ai moi-même plus de souffle. Je continue, la gorge nouée.

— Vous vous doutez combien il est difficile pour moi d'énoncer semblables accusations. Parce que c'est un lourd fardeau de porter seule la vérité dans cette mascarade qu'on vous présente comme un procès. Dans quelques heures, ces députés que les caméras vous montrent un peu abasourdis vont innocenter le Président. Et pourquoi vont-ils l'innocenter ? Parce qu'en le sauvant ils se sauveront eux-mêmes. Voyez ce monsieur, par exemple, assis devant moi, eh bien j'ai là un reçu signé de sa main. Ce monsieur a perçu tant de millions... Je vous le dis les yeux dans les yeux, si jamais il s'avisait de condamner le chef de l'État, je ne suis pas certaine qu'il serait encore vivant demain matin... Nous, Colombiens, sommes les spectateurs impuissants d'une pièce jouée d'avance. Notre pays, ce soir, est au fond du gouffre, à l'agonie, et cependant, je sais qu'un jour viendra où notre aspiration au bonheur l'emportera sur l'attrait vertigineux que nous éprouvons, depuis si longtemps, pour la mort. J'ai confiance.

Il se produit alors une chose curieuse, insolite dans une enceinte colombienne : le silence se prolonge pendant que je regagne ma place, un silence impressionnant, stupéfiant, comme si ces hommes, ô combien prompts à la violence, étaient provisoirement brisés. Certains dans les rangs des conservateurs se lèvent pour me serrer la main, mais sans un mot, de toute évidence tétanisés, sidérés.

Cette nuit-là, à deux heures du matin, Ernesto Samper est officiellement innocenté par cent onze voix contre quarante-trois.

À partir de ce jour cependant, et comme pour attester que ce vote n'est pas celui du peuple, chaque fois que je sortirai, les gens m'accosteront dans la rue pour m'embrasser ou pour me glisser un mot d'encouragement : «Nous sommes là, Ingrid, il faut tenir, continuer... » Nous réussissons à diffuser plus de cinq mille tee-shirts avec l'éléphant de Juan Carlos !

La session parlementaire s'achève huit jours plus tard et je n'ai qu'une hâte : retrouver Loli et Mélanie. Par ma faute, ils ont été chassés de leur univers familier et j'en éprouve, l'excitation du débat passée, une culpabilité qui me broie le cœur. À la fin juin, Juan Carlos et moi nous envolons pour la France, pleins de rêves de petits déjeuners en famille, de balades au vent chaud de l'été, d'après-midi qui n'en finissent plus. Je suis au bout de mes forces, les nerfs tendus à se rompre : cinq mois se sont écoulés depuis ma grève de la faim et je n'ai pas eu un jour de répit.

Nous ne sommes pas ensemble depuis huit jours, redécouvrant tout juste la douceur du quotidien, qu'un coup de fil de mon avocat me précipite dans des abîmes d'angoisse. Hugo Escobar Sierra, ce vieux loup du barreau colombien qui m'avait sortie de l'imbroglio Colt dans l'affaire des Galil, est manifestement très inquiet.

— Il faut revenir d'urgence, Ingrid. Je suis vraiment désolé...

— Mais comment, qu'est-ce qui se passe ?

— Ils ont monté un procès contre toi, ma pauvre enfant. Pour trafic d'influence.

— Quoi !

— Ça vient directement de la présidence, de Samper. Ça peut être dramatique pour toi, tu risques de perdre ton investiture.

— Mais enfin c'est impossible ! Quel trafic d'influence ? Je n'ai jamais rien demandé, jamais sollicité personne…

— Je ne peux rien te dire au téléphone. Prends le premier avion. Je t'attends.

C'est un déchirement épouvantable pour les enfants, pour moi. Nous avions prévu un voyage, réservé les hôtels, tout s'effondre. Heureusement, la mère de Fabrice est là, disponible, généreuse. Elle leur ouvre les bras. Et Juan Carlos, efficace et discret, nous cherche déjà deux billets pour Bogota, en plein début d'été, la pire des périodes… Dans de tels moments, je crois que sans lui je perdrais courage.

Retour interminable. Dans l'avion, je ne peux rien avaler, je ne parviens pas à trouver le sommeil : quand ai-je pu me rendre coupable d'un quelconque trafic d'influence ? Si la présidence de la République peut donner corps à ce piège, c'est qu'elle dispose au moins d'un début d'élément… Désespérément, je me creuse la cervelle.

Hugo Escobar Sierra n'a pas exagéré la gravité du procès qui m'est intenté. La preuve : des journalistes m'attendent déjà à l'aéroport ! Incapable de leur répondre puisque je ne sais toujours pas ce que l'on me reproche, je sors par une porte dérobée, guidée par les services de sécurité de l'aéroport.

— Tu as rencontré Ernesto Samper au début de son mandat, commence calmement Hugo Escobar Sierra, les mains bien à plat sur son bureau. Tu te souviens de cette entrevue ?

Oui, alors tout le monde parlait de cette cassette enregistrée par les Américains où l'on entendait les Rodríguez faire l'éloge de Samper. Et le Président, je l'ai raconté plus haut, m'avait lancé : « Ne parle pas si fort, Ingrid, les gringos ont truffé mon bureau de micros... »

— Je m'en souviens parfaitement. C'était une visite protocolaire, au début de son mandat.

— De quoi aviez-vous parlé ?

— De rien. Il recevait tous les parlementaires de sa majorité. C'était une prise de contact, voilà tout...

— Non. Le Président affirme qu'à cette occasion, tu lui as demandé une faveur pour ton père...

— Quoi ! Mais c'est faux, je ne lui ai rien demandé du tout !

— Ingrid, avez-vous évoqué oui ou non la situation de ton père ?

Alors il me revient qu'en effet, j'ai fait une allusion à la pitoyable retraite de papa, non réévaluée depuis vingt ans.

— Ça y est, oui. Il m'a demandé comment allait papa et j'ai dû dire qu'il avait des problèmes d'argent.

— Voilà ! Eh bien, il n'en faut pas plus pour t'envoyer devant le Conseil d'État...

— Mais enfin c'est fou ! Jamais je n'aurais parlé de papa si Samper lui-même n'avait prononcé son nom.

— Attends, Ingrid, il y a quelque chose là-dessous que je ne saisis pas. Pourquoi Samper te demanderait-il des nouvelles de ton père ?

— Mais parce que Samper est un vieil ami de mes parents !

— Ah bon ! Et c'est maintenant que tu me dis ça !

— Je pensais...

— Ça change tout, Ingrid. Si tu es en mesure de prouver que la situation de ton père est évoquée pour d'évidentes raisons d'amitié, et non pour réclamer une faveur, tu as quelque chance d'ébranler les juges. Sinon ce sera la parole du Président contre la tienne et je ne te cache pas que ça sera difficile.

— Comment prouve-t-on l'amitié ?

— Fais l'impossible pour m'apporter ne serait-ce que l'indice d'un lien entre tes parents et Samper. Fais l'impossible, Ingrid. Et vite, nous avons très peu de temps...

Je rentre chez moi défaite, paniquée. Et j'appelle la seule personne susceptible de m'aider : maman.

Elle m'écoute, puis :

— Si c'est comme ça, je vais te révéler un secret, Ingrid.

Et ma mère me raconte dans quelles circonstances se sont noués les liens particuliers qui les unissent, mon père et elle, à Samper. Du temps où papa était ambassadeur de Colombie à l'Unesco et où nous habitions l'avenue Foch, Andrés Samper, le père d'Ernesto, occupait, lui, un poste subalterne à l'ambassade. C'était un homme fragile, qui buvait beaucoup et avait des ennuis d'argent. Un matin de dépression, il s'ouvrit les veines dans sa baignoire. Par chance on le découvrit, la concierge peut-être, et cette personne, cherchant qui alerter, tomba par hasard sur le numéro de téléphone de mes parents. Ma mère accourut. C'est elle qui donna les premiers soins à Andrés Samper et le conduisit à l'hôpital. Les jours suivants elle fut très attentionnée, comme maman sait l'être avec les gens qui souffrent, passant des heures à son chevet, l'entourant, le réconfortant. Si bien que quand le père du futur Président sortit, il accepta de poursuivre son rétablissement chez mes parents, avenue Foch. Maman avait pour lui une amitié sincère, pleine de compassion. Il passa deux mois à la maison où je l'ai sûrement croisé sans en garder le moindre souvenir. Puis il fut rappelé à Bogota et ma mère entretint avec lui une correspondance lointaine mais toujours chaleureuse.

Voilà donc ce qui expliquait cette amitié qui n'avait cessé

de m'intriguer entre Ernesto, le fils, politicien retors, et maman...

— Bon, mais il me faut des preuves de cette histoire, maman, sinon les juges refuseront de la prendre en compte.

— Des preuves?... Attends, j'ai peut-être ce qu'il te faut. Je me souviens qu'à la mort d'Andrés j'ai adressé quelques lignes de condoléances à Ernesto et je me rappelle qu'il m'a répondu. Une lettre, me semble-t-il, où il évoquait cette période. Je crois l'avoir conservée... Écoute, laisse-moi une heure ou deux...

Elle raccroche. Une demi-heure plus tard, le téléphone sonne.

— Je l'ai, ma chérie. Elle est datée du 18 avril 1988. Je te la lis : « Ma chère Yolanda, mille mercis pour ton mot généreux au moment où disparaît mon père. Il n'a jamais oublié l'affection et l'aide que tu lui as manifestées dans les moments difficiles qu'il a vécus à Paris. Nous non plus ne l'oublierons jamais pour faire honneur à sa mémoire. Reçois au nom de ma famille et en mon propre nom notre plus affectueuse et forte étreinte. Ernesto Samper. »

Arrive le jour du procès. De nouveau la meute des journalistes, et puis les visages fermés de mes juges. On dit que le Conseil d'État est sampériste... J'ai soudain affreusement peur. Comment lutter seule contre tout un appareil d'État ? Cet effroi doit se lire sur mon visage car mon vieil avocat me prend tendrement la main.

— Courage, Ingrid, ça va aller, je suis là...

La plainte d'Ernesto Samper n'a apparemment pas une faille. Il prétend qu'il ne me connaît pas, que je suis à ses yeux une parlementaire parmi d'autres. Il s'étonne donc des faveurs que je lui aurais réclamées pour mon père. Mais il va plus loin. Il laisse entendre que si j'ai été la seule à me dresser contre lui lors de son procès, c'est par dépit, parce qu'il m'aurait refusé son concours pour papa. Et là, il ose avancer que jusqu'au dernier moment, c'est-à-dire jusqu'à l'ouverture du procès, je l'aurais harcelé pour obtenir son aide. En vain. D'où ma colère et mon acharnement à lui nuire...

On devine l'excitation des journalistes : voilà donc le ressort secret d'Ingrid Betancourt, la vengeance ! Voilà donc ce que cachaient tous ces beaux discours sur l'éthique ! Décidément, elle ne vaut pas mieux que le plus corrompu d'entre les politiques...

Mais à vouloir trop prouver, Samper a commis une erreur, et c'est par là que je commence. Je l'aurais harcelé ? Admettons. Alors comment expliquer que je sois la seule parlementaire à avoir systématiquement refusé toutes les invitations du chef de l'État, et cela depuis août 1995, soit près d'une année avant l'ouverture du procès ? Il se trouve que j'ai conservé quelques-unes des réponses cinglantes que je lui ai faites, celle-ci notamment, du mois d'avril 1996, dont je donne lecture publiquement : « Monsieur le Président, je vous remercie pour votre invitation à participer à un petit déjeuner de travail le 25 de ce mois, invitation que je dois refuser tant que nous n'aurons pas conclu notre investigation dans le procès qui vous met en cause. Cordialement, Ingrid Betancourt. » Pour une vulgaire solliciteuse, on conviendra que je manque de chaleur...

Puis j'en viens au nœud de cette affaire, l'amitié qui lie mes parents à la famille Samper et qui explique pourquoi le Président s'est inquiété poliment de mon père. Je raconte le drame d'Andrés Samper devant une salle médusée. Et, pour finir, je lis le mot du futur Président à ma mère.

— Après cela, dis-je, comment le chef de l'État peut-il prétendre qu'il ne me connaît pas ?

À l'intention de mes juges qui semblent maintenant fuir mon regard, j'ajoute plus bas, soudain découragée :

— Monter un tel procès contre moi, c'est honteux. C'est déjà tellement difficile, dans ce pays, de mener une opposition politique sérieuse, comment y parvenir si on a la justice contre soi ?

Alors la représentante de l'accusation se lève, une femme rigide, à l'air revêche, et je m'attends au pire. À tel point que, l'estomac noué, la tête en feu, je perds le fil de son raisonnement, incapable de me concentrer sur autre chose que le désespoir sans fond qui me gagne. Et soudain, je crois rêver. Quoi ? Qu'est-elle en train de raconter ? Que jamais le Conseil d'État n'aurait dû prêter le flanc à une telle mascarade… Qu'il n'y a dans ce dossier que de pitoyables ragots dont la parlementaire Betancourt a parfaitement démontré l'insanité… Je lève les yeux. Mon avocat sourit, sidéré lui aussi. Les regards des journalistes ont changé du tout au tout, ils nous observent à présent avec bienveillance… Est-ce que je suis en train de l'emporter, vraiment ? «C'est pourquoi je vous demande, conclut la petite dame avec colère, de clore sans attendre ce procès et qu'on n'en parle plus !» C'est fini, les gens se lèvent, et tandis que la presse nous fond littéralement dessus, trois de mes juges, trois femmes, se détachent de leurs pairs qui quittent la salle d'audience et viennent ostensiblement me serrer la main. «Je tenais à vous dire combien je me sens proche de vous», murmure l'une d'entre elles.

Le 20 juillet 1996, quatre jours après ce procès dont je sors épuisée mais indemne, le Parlement rouvre ses portes. Traditionnellement, la Chambre et le Sénat se réunissent alors en Congrès pour entendre le discours du chef de l'État. C'est un jour de gloire pour Samper : cinq semaines après la clôture de

« son » procès, il revient la tête haute devant les représentants du pays. Pour moi, c'est un jour de deuil, un jour inoubliable. Je siège théoriquement parmi les députés libéraux, mais comme tous ou presque ont soutenu Samper, je refuse désormais de m'asseoir avec eux. D'ailleurs, la plupart détournent les yeux sur mon passage. Cette fois, je vais m'installer au fond de l'hémicycle.

Soudain, des bruits de bottes, des ordres qui claquent, le Président entre. Nous nous levons. Ernesto Samper grimpe solennellement à la tribune, il salue puis se fige, alors que retentissent les premières notes de l'hymne national. M'a-t-il cherchée des yeux? Peut-être. En tout cas, moi, j'ai accroché son regard, et maintenant nous nous tenons par les prunelles au-dessus du Parlement au garde-à-vous. Me revient en mémoire l'image de cet homme à la plaisanterie facile lors de notre voyage sur la Côte atlantique, dix ans plus tôt presque jour pour jour. Plus rien de comique ni de charmeur dans son regard à présent, je n'y lis qu'une haine profonde, métallique, implacable. Moi, à ce moment-là, je veux qu'il sache que je le juge au nom des victimes de son ambition démente. Je sais que les menaces de mort contre mes enfants émanent de lui. Je le lui dis silencieusement et cet échange est d'une violence inimaginable tandis que l'hymne national semble suspendre le temps. Mais je lui dis aussi, et c'est là l'essentiel, que je n'ai pas de haine à son égard, que je me fiche de l'affectif, du pathos, des sentiments personnels qui nous traversent inévitablement l'un et l'autre. Je veux qu'il comprenne, s'il en est capable, que je le juge coupable face à notre peuple, face à notre histoire, et que cela est autrement plus important que le sinistre bras de fer qui nous oppose.

Ce 20 juillet, aussitôt après son allocution, Ernesto Samper offre un cocktail au Palais présidentiel en l'honneur des parlementaires. Seuls les jardins séparent le Capitole, où siègent les deux assemblées, du palais Nariño. Ce soir-là, j'observe tous mes confrères prendre joyeusement la direction du palais à travers les jardins et je me sens profondément abattue. Sous le regard des Colombiens, ils se sont démenés pour enfouir la vérité, sauver leur peau, et maintenant, sans plus de dignité, ils vont empocher leurs dividendes chez le plus corrompu d'entre eux. Je prends à l'opposé, vers la place Bolivar. C'est une nuit glaciale, une de ces nuits où le vent coupant des montagnes vide les rues de Bogota. La place, si animée dans la journée, est déserte. Seule ma voiture personnelle, et celle des gardes du corps que le ministère de l'Intérieur m'a attribués récemment, stationnent sur la droite. Je descends les marches du Capitole puis presse le pas. J'ai une confiance aveugle en mon chauffeur, Alex, mais je n'ai qu'à demi foi en mes gardes du corps qui appartiennent à la police d'État. Je viens seulement d'obtenir qu'ils aient leur propre voiture et ne se déplacent plus dans la mienne où je les soupçonnais d'écouter mes conversations. J'ai relevé le col de mon tailleur, entre-temps Alex m'a vue et a mis en route, allumé les feux.

Nous remontons la rue de la cathédrale, puis virons à droite pour nous engager dans la calle San Felipe de Neri. L'escorte suit, ses phares illuminent notre habitacle. Les rues étroites de la Candelaria, le quartier le plus pittoresque de Bogota, le quartier historique, sont absolument désertes. Mais curieusement, alors qu'il nous faut prendre sur la gauche devant l'université, une voiture ferme le passage. Je m'entends protester :

— Mais il est con ce type! Il a toute la place qu'il veut, pourquoi il va se fourrer là?...

Mon chauffeur aussi semble perplexe, nous sommes immobilisés.

Je me retourne, impatiente. Je suis fatiguée, déprimée, je

veux rentrer chez moi. La meilleure solution est de filer en marche arrière pour emprunter la rue précédente, mais là je m'aperçois qu'une autre voiture s'est mise en travers de notre retraite.

— Flûte! On ne peut pas non plus reculer...

Alex a compris, lui. Ma voiture est petite, équipée par bonheur de quatre roues motrices. Je le vois soudain braquer, lancer le moteur, se ruer pleins phares sur le trottoir pour s'engouffrer dans l'étroit passage qui demeure libre entre le coin du bâtiment de l'université et la voiture qui nous barre la route. Il est passé, il remonte maintenant à tombeau ouvert la rue San Francisco. Et enfin je comprends à mon tour. Quand les coups de feu claquent, nous sommes déjà loin, tout près d'atteindre les lumières de l'avenue Séptima, les Champs-Élysées de Bogota. Alors je constate avec soulagement que l'escorte aussi s'en est tirée.

Nous l'avons échappé de peu et il est bien évident que ces gens, qui ont été payés pour me tirer dessus, vont recommencer. Pourtant mon premier réflexe est encore de croire qu'ils n'ont pas voulu me tuer, mais simplement m'intimider.

Un peu plus tard, je fais arrêter les deux voitures.

— Pas un mot sur ce qui vient d'arriver. C'est entendu ? Pas un mot, je ne veux pas que ça se sache.

Mes gardes du corps parleront, mais ça ne sortira pas du milieu policier.

Je ne veux pas voir la réalité, et au fond de moi je sais bien pourquoi : si ma famille l'apprend, si Fabrice l'apprend, Mélanie et Loli ne reviendront jamais à Bogota, or leur retour est prévu fin août et je ne vis plus que pour ce jour-là.

9

Au début de ce mois de septembre 1996, Mélanie et Lorenzo reprennent leur scolarité au Lycée français de Bogota, exactement comme s'il ne s'était rien passé. Pour eux cependant, l'année scolaire s'annonce bien différente des précédentes : leur père n'habite plus en Colombie, il a été nommé à Auckland et a déménagé dans le courant de l'été. Désormais, les enfants n'ont donc plus qu'un domicile, le mien, et en cas de coup dur Fabrice n'est plus mobilisable dans la seconde. Mais nous avons gagné un refuge, un sanctuaire : si vivre à Bogota devenait impossible, ils auraient Auckland... Ni Fabrice ni moi ne l'avons clairement formulé mais il est évident que nous y pensons. Depuis la lettre de menaces qu'accompagnait cette photo épouvantable d'un corps d'enfant découpé, Fabrice supporte mal d'imaginer Mélanie et Lorenzo à Bogota, mais en même temps il ne s'autorise pas à les éloigner de moi. J'ai perçu son inquiétude, ses scrupules aussi. De mon côté, je suis consciente des risques que je leur fais courir mais me séparer d'eux est au-dessus de mes forces. J'ai le sentiment d'avoir énormément donné à ce pays, à la politique, je ne suis pas prête, pas encore, à sacrifier ma vie familiale.

Cet automne 1996 s'ouvre donc pour moi sous le signe d'une angoisse indicible. Pour ne pas perdre Mélanie et Lorenzo, j'ai caché l'attentat du 20 juillet auquel j'ai échappé de justesse et je paie maintenant le prix de mon irresponsabilité : j'ai sans cesse peur pour eux. Une peur animale. Une pieuvre dont les tentacules me broient le ventre, me déchirent le cœur. Je la porte en moi et pas un instant je ne parviens à l'oublier. Même le soir, quand ils sont là, tout près, en pyjama, dans leur chambre, et que Juan Carlos vérifie le verrou de la porte d'entrée, même dans ces moments qui pourraient être doux, qui le devraient, j'ai peur...

Il est vrai en plus que je me suis retirée du monde pour mener mon ultime combat contre Ernesto Samper : la rédaction d'un livre où les Colombiens trouveront toutes les preuves de la culpabilité du Président. Combien la solitude peut amplifier l'angoisse, je le mesure à chaque instant, attentive à tous les bruits insolites. Et cependant j'écris, obsédée par la nécessité d'avancer, de sauver ce qui peut l'être encore de la vérité. J'écris pour que ce «procès» contre Samper, que les députés ont fait avorter, prenne malgré tout sa place dans notre histoire, pour que les Colombiens n'oublient jamais l'indignité qui leur a été faite, qu'ils disposent noir sur blanc de tous les documents accablants que j'ai brandis trois mois plus tôt, à la tribune de la Chambre, devant les caméras de télévision. J'ai en mémoire une conférence d'Hélène Carrère d'Encausse à Sciences-Po où elle nous décrivait de façon poignante comment les régimes totalitaires parviennent à réécrire l'Histoire. L'amnésie collective sur mesure. Cela m'horrifie plus que tout. Il me semble que le lâche soulagement que nous serions tous tentés d'en éprouver signerait notre fin. Dans ces moments si noirs, si lourds de menaces, je me dis que s'il me reste une bataille à livrer avant qu'ils ne me tuent, s'ils doivent me tuer, c'est bien celle-ci : empêcher cette dernière manipulation, cette ultime humiliation.

Je ne sors pratiquement plus, je me barricade chez moi, et nuit et jour j'écris, fiévreusement, dans le fol espoir que ce livre existe vite, comme s'il représentait l'assurance du salut pour les Colombiens, mais également pour les miens, pour Mélanie et Lorenzo. Pourquoi ? En quoi les protégera-t-il, eux si vulnérables ? Je serais bien incapable de le dire. Mais c'est cette intuition profonde, cette conviction, ce devoir à accomplir qui me donne la force de continuer.

Je ne trouve pas le sommeil. À peine allongée, mon esprit reconstruit inlassablement le scénario de notre fuite en cas d'attaque. Je l'ai dit, mon immeuble est au fond d'une impasse, adossé à la montagne, théâtre idéal pour une embuscade. Comment s'échapper, comment sauver les enfants si les tueurs surgissent par l'escalier ? Au début, j'imagine une corde à nœuds qui nous permettrait de gagner le balcon des voisins du dessous. Mais la corde est une cause supplémentaire d'angoisse, une échelle de corde me paraîtrait tellement plus rassurante ! Eh bien, oui, une échelle de corde — aller la commander dès demain matin... Maintenant, l'échelle est là, assujettie, prête à l'emploi, et ce sont les baskets qui m'inquiètent... Oui, il faut absolument que chacun ait les siennes, qu'elles soient disposées en permanence devant la baie vitrée du balcon... À aucun prix il ne faut que les enfants empruntent cette échelle pieds nus, ils pourraient glisser... Oh non !

Mon Dieu... Et s'ils surgissaient par le toit? On ne peut pas rester sans arme... On ne peut pas. Il faut trouver un pistolet, une mitraillette... J'apprendrai à tirer, Juan Carlos m'apprendra... Oui, voilà, Juan Carlos m'apprendra. On accrochera cette arme à gauche de la porte d'entrée... Lorenzo, je t'interdis d'y toucher, tu m'entends? C'est très dangereux, très dangereux... Qu'est-ce qui m'arrive? Je délire. Est-ce que je ne suis pas en train de devenir folle?...

Le livre paraît le 12 décembre, sous le titre *Sí Sabía*, « Oui, il savait », Ernesto Samper savait que les millions de pesos engloutis dans sa campagne électorale provenaient de la mafia. Ce jour-là, une séance de dédicaces est organisée dans une librairie du centre-ville, à quelques centaines de mètres à vol d'oiseau du Palais présidentiel. Les gens vont-ils oser venir? Oser braver la presse qui a annoncé l'événement, les photographes, les caméras, prendre le risque d'être identifiés? Nous redoutons un attentat. On m'a installée au fond de la librairie, le dos au mur. Les deux entrées sont gardées par des hommes armés, d'autres sont plus discrètement embusqués à l'intérieur. Et les Colombiens affluent, se pressent aux portes, avec une audace, une fierté d'être là qui nous font bientôt oublier tout notre dispositif de sécurité. Il y a foule, la file d'attente s'étire loin sur le trottoir. Beaucoup ont apporté un appareil photo et ils demandent qu'on les prenne avec moi, ils m'enlacent, m'embrassent. Alors j'ai le sentiment de retrouver la lumière, de goûter pour la première fois depuis longtemps au plaisir inouï de vivre. Ces gens me libèrent, ils ouvrent la prison, ils me disent qu'ils m'ont écoutée, qu'ils savent, qu'ils me soutiennent. Je suis si émue, si bouleversée par leur confiance que je me surprends de nouveau à croire qu'on peut l'emporter, oui, que la Colombie ne sera pas éternellement dirigée par des voleurs, des escrocs, des criminels.

Dans les jours qui suivent la parution de mon livre, je reprends mes activités au Parlement. Et je mets les bouchées doubles car j'ai complètement délaissé mon mandat par la force des choses. La session s'achève, les grandes vacances de Noël approchent, il faut faire vite. Je multiplie les aller et retour entre l'hémicycle et mon bureau où les rendez-vous se succèdent.

Un de ces jours de folie, alors que je termine tant bien que mal mes audiences avant de courir en séance plénière, ma secrétaire entrebâille la porte de mon bureau.

— Quelqu'un demande à vous voir d'urgence, Ingrid. Un homme...

— Il avait rendez-vous?

— Non, mais il insiste...

Plus tard, je me demanderai pourquoi les gens qui m'ont condamnée à mort ont jugé opportun de m'envoyer ce messager. Et, me remémorant ma rencontre avec les frères Rodríguez, j'y verrai un signe. J'ai l'intuition qu'au tréfonds de leur esprit, ils ne souhaitent peut-être pas ma mort, qu'ils souhaitent au contraire, que j'existe, que je continue d'exister envers et contre tout, comme si la survie d'individus de mon genre dans cet univers de cauchemar qu'ils ont contribué à façonner les rassurait sur eux-mêmes, et sur le monde dont ils rêvent pour leurs petits-enfants.

«Votre famille est en danger», a-t-il dit. Cette fois je ne peux plus tricher. Dans la nuit nous préparons notre fuite, je l'ai raconté au début de ce livre. Pour la seconde fois, à six mois d'intervalle, Mélanie et Lorenzo doivent quitter précipitamment la Colombie. Mais là, j'ai la certitude qu'ils n'y reviendront plus avant longtemps. La promesse de ce départ me soulage après ces mois d'effroi, de culpabilité. Je ne veux pas penser, pas encore, à ce que sera ma vie sans eux. Juan Carlos est là pour me rassurer. Fabrice nous attend à Auckland : pour l'heure, en pleine tempête, nous tenons le coup. Sébastien est là aussi. C'est un homme maintenant. Et c'est surtout un grand frère attentionné, attendri par Mélanie et Lorenzo. Lui aussi a connu des va-et-vient, des voyages au bout du monde, des changements difficiles. Il comprend. Il veille sur eux. Comme un ange gardien.

Quand je repense à ces deux mois passés à Auckland, les deux derniers de ma vie familiale, je ne parviens pas à m'imaginer autrement que dans la peau d'une femme condamnée à une lourde peine de prison et qui tenterait fiévreusement de mettre à profit ses derniers jours de liberté pour aménager la vie quotidienne des siens, qui s'accroche à eux jusque dans les plus petits détails, jusque dans les choses les plus insignifiantes, dans l'espoir fou qu'ils ne souffriront pas de son absence ou plutôt — peut-être — qu'on ne l'oubliera pas. Nous décorons ensemble leurs chambres, nous répétons ensemble le trajet de la maison à l'école, nous achetons ensemble les livres, les cahiers, les fournitures, les habits aussi, pour toute l'année à venir. «Prends la taille au-dessus, Mélanie, tu vas grandir tu sais…» Faire un plein de souvenirs… Et dans le secret de mon cœur : regarde-la bien, Ingrid, sinon dans quelques mois tu n'arriveras plus à te figurer sa silhouette. Regarde-la bien, enregistre tout, la coupe du pantalon, la couleur du chemisier…

À la mi-février de l'année 1997, Juan Carlos et moi repartons pour Bogota. Nous devinons l'un et l'autre combien ça va être dur maintenant, et Juan Carlos fait alors une chose qui le résume tout entier : il me demande de l'épouser. Comment mieux exprimer qu'il est avec moi, amoureux, mais également solidaire, prêt à me suivre jusqu'au bout du chemin ? Nous avons été mariés une première fois l'un et l'autre déjà, et en temps normal nous n'accorderions plus aucune importance à ce lien formel. Mais justement, nous ne sommes pas en temps normal, et les mots de Juan Carlos ce jour-là me bouleversent.

Nous nous marions sur la route du retour, en plein Pacifique, et selon le rite polynésien. Un mariage biblique, hors du temps, où le futur époux surgit des flots au rythme lent d'une pirogue, comme si la grâce nous avait été donnée, l'espace d'un jour, de remonter à l'origine de la vie, avant que les hommes ne trahissent l'innocence. L'espace d'un jour, oui, de trois précisément, jusqu'à ce que l'avion nous arrache à cet archipel béni des poètes pour nous précipiter dans les convulsions furieuses de la vraie vie, la nôtre, celle des Colombiens.

Mise au ban des nations par la faute de son président (Samper se verra refuser son visa pour les États-Unis lorsqu'il voudra se rendre au siège de l'Onu), la Colombie que nous retrouvons en mars 1997 a déjà le regard tourné vers de nouvelles échéances et donc vers l'espoir : dans un peu plus d'un an, ce seront les élections présidentielles. Le mandat présidentiel en Colombie est de quatre ans, non renouvelable, nous avons donc la certitude d'être bientôt débarrassés d'Ernesto Samper. Avons-nous pour autant la certitude de recouvrer notre dignité ? Non, car alors Samper entreprend de protéger sa retraite. Il sait, que redevenu simple citoyen, il ne sera plus à l'abri d'éventuelles poursuites. Le procès 8000 se prolonge à l'encontre de ses plus proches collaborateurs : notamment Medina, son trésorier, et Botero, son ancien ministre de la Défense. Il lui faut donc, tant qu'il est au pouvoir, tenter d'enrayer définitivement la machine judiciaire. Plus généralement, s'il veut vivre en paix avec la fortune accumulée au pouvoir, il lui faut réussir à imposer son successeur aux Colombiens. Son nom est déjà sur toutes les lèvres : Horacio Serpa, ministre de l'Intérieur, fidèle d'entre les fidèles, aussi corrompu que son mentor. Il ne fait aucun doute que si Serpa succède à Samper, ce dernier pourra couler des jours tranquilles...

J'assiste, impuissante, au sabotage du procès 8000. Et pourquoi suis-je impuissante ? Parce que la stratégie employée ne prête le flanc à aucune critique. L'homme qui incarne le procès 8000 est le procureur Valdivieso. Or que fait Samper ? Il exige, en coulisses, du Parti libéral qu'il désigne Valdivieso comme son candidat aux élections présidentielles ! Peu d'hommes ont le cœur de résister à une telle sollicitation, surtout lorsqu'on leur fait miroiter que d'après les sondages ils seraient quasiment plébiscités par le pays... Valdivieso succombe aux sirènes, il démissionne de sa charge pour se lancer dans la course à la magistrature suprême. C'est son droit. Il ne voit pas le piège que lui tend Samper. Piètre orateur, médiocre politique, il va perdre en quelques mois tout le crédit accumulé dans l'esprit des Colombiens et disparaître de la scène. Alors le véritable candidat du Parti libéral, Horacio Serpa, surgira sous les *spotlights*. Mais en attendant, Samper sera parvenu à faire nommer à la place de Valdivieso... un de ses plus dévoués avocats au procès 8000 ! On devine la suite.

Pour assurer la victoire de Serpa, Samper relance, dans les dix-huit derniers mois de son mandat, ce qu'il appelle « *el Salto social*», le saut social. Ce sont des mesures irréprochables sur le fond mais dont l'objectif inavoué, parce que inavouable, est d'engranger les futurs électeurs du ministre de l'Intérieur. Le gouvernement crée, par exemple, des bons d'accès à la médecine pour les plus défavorisés, mais à travers ces bons il recense et fiche cette population à qui il va bientôt monnayer les bons en échange d'un engagement à «bien voter». De la même façon, il crée à l'intention des familles des bons donnant droit aux fournitures scolaires et s'attache ainsi une population prête à tout pour en bénéficier. Les retraités sont également embrigadés avec des tickets d'alimentation...

En coulisses, le «saut social» va être l'occasion pour le tandem Samper-Serpa de détourner des masses considérables d'argent pour financer la campagne présidentielle du second. Ils vont pratiquer un véritable hold-up sur les finances du pays et dénoncer ce pillage va constituer l'essentiel de ma tâche durant toute cette année 1997.

Une fois de plus, je suis seule ou presque au Parlement à tenter d'expliquer aux Colombiens ce que cachent les soudaines préoccupations sociales de notre gouvernement. Et comment faire comprendre à des gens qui manquent de tout que le peu qu'on leur promet aujourd'hui est un cadeau empoisonné pour demain? Comment leur faire comprendre que ce saupoudrage ne résout en rien la pénurie et l'exclusion qui les frappent? Bien au contraire, puisqu'il est le prétexte à des détournements de fonds monumentaux qu'il faudra bien combler au lendemain des élections... Ma marge est étroite. À chacune de mes interventions, je prends le risque d'apparaître comme une opposante systématique et ici, en l'occurrence, comme celle qui rejette une manne sociale ardemment espérée dans les quartiers pauvres.

À l'automne 1997, le débat sur l'extradition des narcotrafiquants revient sur le devant de la scène après avoir été tant de fois repoussé par Samper et les siens. Les États-Unis s'énervent, la pression est considérable. Samper ne peut pas officiellement se dire contre l'extradition, ce serait conforter une opinion internationale qui continue de l'accuser d'avoir été financé par le cartel de Cali. Il s'affirme donc favorable au rétablissement de l'extradition par un vote du Parlement mais songe à ses alliés, les frères Rodríguez, toujours en prison. Il ne peut être question pour lui de livrer ces hommes aux États-

Unis. Trahir le contrat qui les lie reviendrait à signer son arrêt de mort à plus ou moins brève échéance. Comment donc sauver les Rodríguez et se sauver soi-même ? En déclarant tout simplement la non-rétroactivité de l'extradition, ce qui exclut la possibilité de l'appliquer à ceux qui sont déjà en prison.

Les parlementaires, eux-mêmes financés par les Rodríguez dans leur écrasante majorité, saisissent avec soulagement cette perche miraculeuse de la non-rétroactivité. Pour eux aussi, expédier les Rodríguez aux États-Unis aurait correspondu à une condamnation à mort. Le jour du débat, je suis la seule à plaider pour une extradition rétroactive, totale, implacable, face à un hémicycle comble, comme chaque fois qu'il est question des intérêts des narcotrafiquants. Et ces députés, dont les liens avec le cartel sont désormais connus (j'ai publié leurs reconnaissances de dettes), entonnent, la main sur le cœur et sans rougir, de vibrants plaidoyers contre la rétroactivité au nom de la lutte contre… l'impérialisme yankee ! Je leur crie que l'impérialisme yankee a bon dos, mais au-delà de ces joutes oratoires je perçois nettement chez tous mes confrères, y compris chez les plus intègres, la peur sourde, terrible, qu'inspirent les narcos. D'ailleurs, nous ne sommes que trois à voter pour l'extradition la plus large, et donc pour le départ des Rodríguez vers les prisons américaines…

Samper va continuer de régler ses dettes en soumettant au Parlement un texte apparemment anodin. Sous prétexte de décongestionner nos prisons surpeuplées, il y est question de « poursuivre sa peine chez soi ». On s'attendrait à ce que cette mesure de clémence s'applique aux voleurs de poules, mais non, elle n'est destinée curieusement qu'à une certaine catégorie de délinquants en col blanc. À y regarder de plus près, elle concerne différentes formes d'enrichissement illicite et, en particulier, les délits commis par les accusés du procès 8000…

Je tempête. Députés pour la plupart, les accusés du procès 8000 se verraient ainsi remis en liberté par leurs propres confrères avant même d'avoir été condamnés… Finalement, j'aurai gain de cause. Grâce à la mobilisation de la presse, le projet sera rejeté au Sénat in extremis.

Cette année 1997 est la plus douloureuse qu'il m'ait été donné de vivre. Impuissante, j'assiste au blanchiment d'un État corrompu, au sauvetage de ses fossoyeurs par les institutions elles-mêmes, preuve que tout l'appareil d'État est gangrené, pourri jusqu'à l'os. Et quel espoir de guérison avons-nous alors que l'homme qui monte, celui qui paraît le mieux placé pour prendre la suite de Samper, est son clone, Horacio Serpa? Pour la première fois, je m'interroge sur la raison d'être de mon combat. Et si je m'interroge, c'est que j'ai maintenant tout sacrifié à ce combat. Pour quel profit? En quoi la Colombie bénéficie-t-elle de mes sacrifices? Inéluctablement elle s'enfonce et, en fait de la sauver, j'ai le sentiment qu'elle m'entraîne dans son malheur.

Certains soirs, je quitte le Parlement complètement découragée. Pour trouver quoi? Un appartement vide, affreusement silencieux. La plupart du temps, Juan Carlos n'est pas encore rentré, je vais dans les chambres des enfants et je m'assieds sur le lit de l'un ou de l'autre. Je caresse leurs objets du regard, je lisse l'oreiller, parfois j'ai la force de sourire au souvenir d'un mot, d'une habitude, parfois mes yeux se noient et je reste prostrée à me demander pourquoi. Pourquoi avoir sabordé ce bonheur inouï d'être ensemble? Pour rénover la politique, pour montrer la voie? Mais je n'ai rien rénové du tout, le pouvoir est toujours aux mains des mêmes hommes et tout se passe comme si je n'avais rien dit, rien écrit, comme si je n'avais pas existé. Je suis accablée, perdue. Comment ai-je pu? Ces hommes contre lesquels je me bats, contre lesquels je m'épuise, ne valent pas un sourire de Mélanie, pas un cheveu de Lorenzo... Et pourtant je n'ai pas hésité, j'ai choisi ces hommes contre mes enfants. Pas une seconde, au moment de les laisser à Auckland, je n'ai remis en question le sens de mon engagement. Six mois, huit mois, se sont écoulés, et aucun apaisement dans les violences que traverse la Colombie, dans les menaces qui me sont adressées, ne me permet d'envisager de reprendre la vie familiale. Vont-ils définitivement grandir loin de moi ? Le chagrin m'étouffe et je tourne en rond dans cet appartement que j'ai acheté pour eux, décoré pour eux, et qui derrière chaque porte héberge leur souvenir, leur absence.

Nos liaisons téléphoniques ne font qu'accroître l'impression qu'ils sont à l'autre bout du monde, loin, tellement loin... Je les appelle un dimanche, pleine de nostalgie pour nos dimanches à Bogota, mais pour eux c'est déjà lundi, le stress de l'école qui reprend, et ils n'ont pas une minute, ils sont en retard... Il me semble que nous sommes systématiquement en décalage, comme si nous ne vivions plus sur la même planète. Et puis, les mois passant, je ne sais plus de quoi leur parler, et bientôt je sens que mes mots n'accrochent plus, ils trompent le silence, oui, mais ils sont comme de vieilles rengaines qui n'éveillent plus rien de spontané, de vivant, à l'autre bout du fil.

— Oh ! mon Loli, mon amour, mon chéri, je suis si contente de t'entendre ! Comment tu vas, dis-moi ? Comment ça se passe à l'école ?

— Ça va, maman, mais il faut que je parte, là...

— Je ne te manque pas trop ? Dis-moi Loli, tu n'es pas malheureux, n'est-ce pas ?

— J'ai un match, tu sais. J'allais juste m'en aller.

— Un match de quoi mon chéri ?

— Mais de foot, maman !

— Ah bon, bon… Tu joues au foot alors.

— Ça fait longtemps déjà. Papa te l'avait pas dit ?

— Si, si, peut-être, excuse-moi… Et à l'école, ça va bien, vraiment ?

— Oui maman, tu me l'as déjà demandé tout à l'heure…

Jusqu'au jour où Lorenzo s'énerve :

— Maman, pourquoi tu me poses toujours la même question : «Comment ça va à l'école ? Comment ça va à l'école ?» Mais ça va bien à l'école. On se dit toujours les mêmes choses, c'est chiant à la fin…

Et ce jour-là je comprends que mes appels les assomment l'un comme l'autre, parce que nous n'avons plus rien à nous dire, à partager, que je ne sais plus rien de leurs amis, de leurs centres d'intérêt, et que de leur côté ils sont encore trop jeunes pour comprendre quoi que ce soit à mes engagements. Cette fois, je me cache pour pleurer.

Cependant, le premier chagrin passé, l'agacement de Loli me réconforte. Il est le signe qu'il grandit, avide de vivre, de s'amuser, et qu'au fond il se passe parfaitement de moi… C'est bien !

Peut-être est-ce finalement pour une mère la chose la plus douloureuse qui soit : accepter que ses enfants grandissent dans le bonheur malgré son absence. Je l'accepte, il le faut bien, mais parfois la souffrance me submerge et alors je m'accroche follement à tel ou tel événement de leur vie comme si je le partageais malgré les dix mille kilomètres qui nous séparent. Quand j'apprends que Mélanie s'est mise au piano, qu'elle est exceptionnellement douée, selon son professeur, j'estime aussitôt indispensable d'installer un piano chez moi et je me lance fébrilement dans cet achat ruineux. Je fais le tour des spécia-

listes, je me renseigne avec l'impression exaltante de contribuer enfin à l'éducation de ma fille...

Mélanie a onze ans. Maintenant, très vite, elle va entrer dans
l'adolescence, se découvrir femme, et il me paraît impossible
qu'elle vive cela sans moi. Impossible et trop cruel, pour elle,
pour moi. Cela m'obsède, au point, dans mes rêveries les
plus délirantes, d'en arriver à ce raccourci saisissant : « Il faut
absolument que la Colombie s'en sorte pour que Mélanie
revienne. Il le faut absolument. Et vite ! Vite ! »

La Colombie ne va pas mieux, mais les enfants et moi
découvrons Internet. C'en est fini de ces conversations
aveugles, lointaines, désespérantes. Maintenant, nous nous
parlons à l'écran, nous nous sourions, toute une complicité
oubliée renaît sous nos yeux. Ce rendez-vous quasi quotidien
sur Internet rythme bientôt notre emploi du temps. Il tombe
pour moi entre quatorze et quinze heures, et j'arrive désormais
systématiquement en retard aux séances du Parlement. Les
enfants accrochent, parce que l'immédiateté est là, je vois Loli
en footballeur, Mélanie dans sa chambre, les photos de leurs
amis, les livres qu'ils ont aimés... Pour l'anniversaire de Mélanie — ses douze ans — j'organise une véritable fête. Mes
parents sont là, nous avons rempli sa chambre de ballons,
commandé un gâteau, et quand elle apparaît à l'écran nous la
voyons éclater de rire, ravie et confuse. Ma mère lui tend les
bras par-dessus les douze bougies.

— Je vais souffler pour toi, ma chérie, et tu me donneras
ta part. D'accord ?

Mélanie et Lorenzo vont chercher le gâteau préparé par
Fabrice et nous nous régalons ensemble. Vraiment ensemble.
À cet instant, liés par un même fou rire, nous oublions qu'un
océan nous sépare...

Et puis mes enfants découvrent ceux de ma sœur aînée

Astrid, leurs cousins germains, et des liens nouveaux se tissent. Anastasia est née peu avant leur départ pour Auckland, ils demandent maintenant à la voir grandir et nous passons parfois deux bonnes heures à rire autour d'elle. Quand Stanislas vient au monde, les présentations se font sur le réseau et je vois l'émotion de Mélanie, l'étonnement émerveillé de Loli…

Cette proximité artificielle engendre aussi parfois des moments difficiles : mes enfants sont là, oui, comme si je pouvais les toucher, mais si un danger quelconque les menace je ne peux rien pour eux. Un jour, nous nous connectons, avec d'autant plus d'impatience de mon côté que je sais Fabrice absent, parti pour la France. Mélanie et Lorenzo ont été confiés à Lise, leur nounou des Seychelles en qui j'ai toute confiance. Mais l'absence de Fabrice m'inquiète tout de même. Mélanie est au rendez-vous, apparemment heureuse de me parler et cependant je la sens troublée.

— Tu es toute seule ? Où est Lorenzo ?

— Il est occupé.

— Comment ça occupé ? Mais appelle-le, Mélanie, que je le voie au moins une seconde !

— Justement, il ne veut pas que tu le voies, maman.

— Enfin, tu es folle ! Qu'est-ce que c'est que cette histoire ? Loli, viens devant la caméra, mon chéri…

— Il ne veut pas, maman.

— Mélanie, je t'en supplie, va chercher ton frère. Enfin qu'est-ce qui se passe ?…

Lorenzo apparaît, et là je crois sombrer dans un cauchemar : il est entièrement boursouflé, méconnaissable, le visage couvert de boutons rouges, le corps gonflé comme un bonhomme Michelin.

— Loli ! Mais qu'est-ce que tu as ? Qu'est-ce que tu as fait ?

— C'est une allergie, maman. Lise m'emmenait chez le médecin quand tu as appelé…

— Quel médecin ? Ça peut être très grave, Loli. Passe-moi vite Lise.

— …

— Écoutez-moi, Lise. Prenez un taxi et filez à l'hôpital immédiatement. N'allez pas chez un médecin de ville, il ne pourra rien faire. Allez aux urgences. Partez vite et rappelez-moi dès votre retour, je veux tout savoir.

Alors j'ameute la terre entière depuis Bogota. La secrétaire de Fabrice à Auckland, son bureau à Paris, trois spécialistes des allergies à Bogota, puis l'hôpital d'Auckland, puis de nouveau Paris… Loli fait sans doute une insuffisance rénale, c'est ce que je crois deviner derrière les mots feutrés des médecins, et mon cœur cogne à se rompre, et j'ai envie de hurler, folle d'angoisse, folle d'impuissance.

Ce jour-là, je ne me suis pas éloignée de mon téléphone, je n'ai rien pu faire jusqu'à ce que me parviennent des nouvelles rassurantes de l'hôpital : Loli était sous traitement, hors de danger, les médecins étaient sûrs d'eux, il n'y avait plus aucune inquiétude à se faire.

Enfin, pour l'été 1998, nous nous retrouvons tous aux États-Unis. Ces premières vacances en famille, après dix-huit mois de séparation, j'y pense jour et nuit. Je les ai préparées dans l'excitation, persuadée, comme tous les parents coupables, que la multiplication des cadeaux parviendrait comme par enchantement à remplacer tout l'amour que je n'ai pas pu donner. J'ai donc couru les boutiques les plus chics de Bogota pour habiller enfin mes enfants, les gâter, voir leurs visages s'illuminer devant tant de merveilles. Et donc je débarque avec mes deux lourdes valises, le cœur débordant. Loli a dix ans, c'est encore un enfant, tout lui va, tout lui plaît surtout. Mais bien vite, je perçois que pour Mélanie, j'ai raté quelque chose. Ma fille me regarde déballer mes présents avec une expression de dépit croissant, un certain agacement aussi. Et moi, j'en rajoute, incrédule, éperdue d'amour :

— Regarde encore ça, ma chérie. Je suis certaine que tu vas craquer...

Mélanie regarde, oui, et soudain :

— Mais attends, maman, ça fait longtemps que je ne porte plus de nounours sur mes tee-shirts quand même ! On dirait que tu ne te rends pas compte que... que...

— C'est vrai, Mélanie est plus grande qu'on l'imaginait, Ingrid, dit doucement Juan Carlos.

Et brusquement je vois Mélanie comme elle est, et non plus comme l'enfant que je retenais malgré moi de toutes mes forces. Et je suis confuse, malheureuse. Tellement malheureuse qu'elle grandisse sans moi, qu'elle m'ait à son tour laissée au bord du chemin...

Mais entre-temps, la Colombie a repris une place immense dans ma vie et je n'ai plus aucun doute sur l'utilité du combat que je mène. Entre-temps, j'ai été élue sénateur, j'ai créé mon propre parti politique et je me dis que si demain je parviens à faire de ce pays une démocratie intègre, ouverte, généreuse, j'aurai à ma façon contribué au bonheur de mes enfants, de mes enfants aussi.

10

L'année 1998 approche, en mars ce seront les élections législatives, et j'ai l'ambition d'accéder au Sénat. En Colombie, un
sénateur a plus d'autorité qu'un député — j'ai besoin de ce
surplus d'autorité pour accroître mon audience, continuer à
me battre. Seulement je ne veux plus de la casaque libérale,
celle qu'arborent Samper, Serpa, ces hommes dont la corruption a mis le pays à genoux. Le Parti libéral, dont j'ai rédigé
le code d'éthique quatre ans plus tôt, n'a pas osé m'exclure
malgré les coups que je lui ai portés. C'eût été avouer que
l'éthique n'y a pas sa place. J'ai la ferme intention de quitter
ce parti, mais je n'ai pas envie pour autant de rallier son vieil
adversaire conservateur dont les représentants ne valent guère
mieux à mes yeux. Il est temps d'inventer autre chose, une
autre famille politique où puissent se retrouver les gens qui

pensent comme moi. Et si je suis élue sénateur ce sera pour eux, pour parler en leur nom...

— Cela s'appelle un parti politique, me rétorque un soir Juan Carlos. Au point où tu en es, Ingrid, tu ne peux pas continuer si tu ne crées pas ta propre formation. Regarde, tu es toute seule...

— Il faut cinquante mille signatures pour créer un parti. C'est impossible, surtout en quinze jours !

— Je ne sais pas. Réunis ceux qui te soutiennent, réfléchissez. Vite. Si tu te lances, je serai avec toi. L'idée m'enthousiasme et je crois qu'après quatre années de Samper, c'est le moment ou jamais.

Le moment ou jamais, oui. C'est aussi l'avis des vingt personnes — un noyau de fidèles — qui se retrouvent le soir même à la maison. L'excitation aidant, l'idée de recueillir cinquante mille signatures à travers tout le pays en deux semaines seulement ne nous paraît pas irréaliste. Dans chaque ville nous comptons des amis dévoués, à nous de les mobiliser, de leur faire parvenir au plus vite les formulaires de l'administration. Toute personne en âge de voter a le droit de signer. Reste à parier sur la pugnacité de nos bénévoles, et sur ma popularité, car seuls les gens qui ont déjà de moi une certaine image s'engageront.

Et ça marche ! Un mois plus tard — l'administration a reculé par chance la date butoir — nous déposons près de soixante-dix mille signatures. La route est libre, à nous d'inventer le parti.

La nouvelle ravit Juan Carlos qui d'emblée va bien au-delà de ce que j'espérais de lui : il laisse tomber sa boîte de publicité, les campagnes en cours, les clients, pour se consacrer à ma cause. C'est extravagant, magnifique, car, hormis nos signatures et la haine de la classe politique qui nous voit venir, nous n'avons rien de ce qu'il faut pour construire un parti : ni les militants, ni les locaux, ni surtout l'argent. Mais Juan Carlos s'en fout manifestement, il a confiance, en lui, en moi, en tous ceux qui depuis quatre ans me soutiennent et vont nous rejoindre, pense-t-il, aussitôt hissé notre panache. Et à propos de panache, justement, la première chose à faire est de lui donner une couleur, un nom, une identité, qui donne envie d'accourir, de bâtir ensemble, de rêver...

— Juan Carlos, trouve-moi un mot qui dise à lui tout seul qui nous sommes et ce que nous voulons. Je ne veux rien qui rappelle ce qui existe : Parti des travailleurs de ceci ou de cela, c'est triste, lugubre...

Nous sommes en voiture, nous rentrons du marché, et soudain Juan Carlos frappe sur son volant.

— Ingrid, ça y est ! Je l'ai, j'ai le nom : « Oxygène » !

Il s'arrête sur le bas-côté, heureux, ébloui. Et moi, dans la seconde, ce mot me transporte.

— C'est ça ! C'est exactement ça, Juan Carlos ! Oxygène ! Ça dit tout, c'est l'écologie avant tout, mais c'est aussi l'étouffoir que sont les autres, l'espoir que nous représentons. L'espoir vital. C'est un mot magique, aérien.

Et lui, enflammé :

— Oxygène, c'est toi, Ingrid. Je vois déjà tes affiches. Il faut qu'on ait un message hyper simple : « Ingrid, c'est de l'oxygène, point. » On est dans la merde en Colombie, on ne respire plus, on n'a plus d'espérance, plus de rêves, plus rien. Ce Samper, il nous a foutu dedans jusqu'aux yeux. Eh bien l'affiche, il faut qu'elle soit céleste. Voilà, il faut que tu sois sur un fond de ciel bleu, l'image même de l'espérance, de la transparence, de la jeunesse...

Cette nuit-là, Juan Carlos ne va pas se coucher. Il m'apportera le lendemain matin la première maquette de notre affiche, ma photo sur fond d'azur, surmontée du slogan :

« *Ingrid es oxigeno* ». Et « oxigeno » sera devenu sous sa plume le logo enjoué de notre parti par la grâce d'un *x* métamorphosé en un petit bonhomme jaune radieux et bondissant à la bille écarlate (le point du *i*).

Le parti a maintenant un visage, nous pouvons mobiliser les militants, mais aussi et surtout les candidats. Car nous avons l'intention de présenter des listes dans toutes les grandes villes, tant pour la Chambre des députés que pour le Sénat. C'est l'obsession de Juan Carlos, faire que je ne sois plus seule au Parlement à ferrailler contre ces bandits, mais que nous puissions, dans la prochaine législative, constituer un groupe de choc.

Cette affiche sur fond de ciel bleu fleurit bientôt dans toute la Colombie, avec le même logo « *Ingrid es oxigeno* », et selon les régions nos deux têtes de liste figurent en premier plan. Juan Carlos nous invente un look — nous portons tous la même chemise polo à manches courtes mais de teinte différente selon la couleur des yeux — et notre campagne tranche résolument avec celle des autres partis. En Colombie, les candidats n'accordent que peu d'importance à leur campagne officielle, tout simplement parce que l'essentiel se joue en coulisses. L'essentiel, pour eux, est d'acheter les votes quartier par quartier à coups de prébendes et de promesses. Qu'importent donc leurs affiches qui les représentent invariablement engoncés dans leurs costumes de cérémonie, sur fond de bibliothèque. Mais cette fois, le résultat, c'est qu'ils apparaissent en retard d'un demi-siècle sur nous ! Quand sur certains murs nos affiches figurent à côté des leurs, le contraste est si criant que les gens rient : notre décontraction accroît par ricochet le style empesé, d'un autre temps, de nos concurrents.

Puis, dans la lignée des capotes anglaises, préservatifs contre la corruption, que j'avais distribuées dans les rues quatre ans plus tôt, Juan Carlos nous invente deux objets qui ne coûtent pas cher et vont incarner notre message : le masque antipollution et le ballon d'oxygène. Nos candidats inondent leurs régions de ces deux symboles : l'un dit silencieusement combien ça pue, l'autre combien est forte notre aspiration à nous envoler vers un monde plus propre...

Reste le tee-shirt électoral, objet incontournable en Colombie dont les partis abreuvent traditionnellement la population, d'autant plus heureuse de ce cadeau qu'elle n'a souvent rien d'autre à se mettre. Juan Carlos crée un tee-shirt à notre image, net, moderne, design (si beau que je continue à le porter aujourd'hui), mais il apparaît d'emblée que nous n'avons pas les moyens d'en imprimer plus de deux mille, chiffre dérisoire quand nos voisins les distribuent par camions entiers. Réunion d'état-major. Il faut prendre rapidement une décision.

— Il est évident qu'en achetant chinois par la contrebande on peut en faire dix fois plus pour le même prix, observe discrètement quelqu'un.

— J'ose croire que c'est une plaisanterie! dis-je. Je vous rappelle que l'essentiel de notre engagement est de lutter contre la corruption. Discutons avec les gens du textile et tâchons d'obtenir un prix. Sinon ce sera deux mille tee-shirts et basta.

Je crois que nous n'en avons pas sorti plus de mille, mais paradoxalement notre rigueur nous a probablement rapporté plus de voix que si nous en avions imprimé cent mille. Car il s'est passé une drôle de chose : un mois environ avant le scrutin, les industriels colombiens du textile, étranglés par la politique du gouvernement Samper, ont lancé une vaste enquête auprès des candidats pour connaître les mesures qu'ils comptaient prendre en faveur de ce secteur, un des piliers de l'industrie colombienne. Chacun y est allé de ses promesses, puis, très habilement, les industriels sont partis voir dans la pratique comment se comportaient les candidats à l'égard du textile. Or qu'ont-ils découvert? Qu'à l'exception des gens d'Oxygène, tous avaient acheté des tee-shirts de contrebande en provenance d'Asie... Une dizaine de jours avant le vote, le scandale a fait la une de toute la presse, confondant pour les partis traditionnels, formidable pour nous bien sûr. Je me souviens d'un de ces commentaires qui vous réchauffent le cœur, entendu à la radio alors que je battais fiévreusement la campagne dans la dernière ligne droite : « On peut croire aux promesses électorales d'Ingrid Betancourt, avant même d'être élue elle les met en pratique : pas un de ses candidats n'a eu recours à la contrebande. Les tee-shirts d'Oxygène sont cent pour cent colombiens ! »

Dans les dernières semaines je vis entre deux avions, réclamée dans toutes les villes pour soutenir les nôtres. C'est en même temps enthousiasmant et exténuant : pour la première fois, je fais l'expérience de ce qu'est une campagne nationale. Je suis à Barranquilla, Cali, Medellin, Popayan, Cúcuta, et partout les gens se pointent, hilares, avec notre masque sur le nez, ils m'embrassent, on me photographie entourée de ballons et je parle devant des foules bienveillantes, acquises. Ils croient en moi, en nous. À chaque nouveau meeting, j'ai le sentiment de marquer des points. Oui, les gens reprennent confiance, j'en ai la certitude. Mais combien sont-ils vraiment à nous soutenir ? Seront-ils suffisamment nombreux pour nous ouvrir les portes du Sénat ? Certains soirs, recroquevillée, seule dans ma chambre d'hôtel, épuisée et grippée à force de passer sans arrêt du climat tropical de nos côtes aux nuits glaciales des sommets, certains soirs je ne sais plus. Que pèsent ces foules, si convaincues soient-elles, au regard des quartiers, des faubourgs que nos politiciens s'attachent à coups de millions de pesos et sans avoir même à se déplacer ? Est-ce que je ne suis pas ridicule à jouer toute seule le jeu de la démocratie ? Naïve et ridicule ?

J'entends encore le président de la Chambre, qui lui aussi

brigue un mandat de sénateur, m'apostropher dans les cou-loirs : «Député de Bogota, d'accord, Ingrid, et encore, tu as eu du pot, mais le Sénat, tu rêves ma pauvre vieille, tu n'as aucune chance. Il n'y a que les grands, les politiciens aguerris, qui entrent au Sénat. Regarde dans ma région, le Santander, que je connais comme ma poche. Combien tu peux espérer ? À vue de nez, je dirais trois mille voix au grand maximum. Et encore, c'est déjà beaucoup. Ça sera comme ça dans tout le pays, ne te fais pas d'illusions. Si tu totalises vingt-cinq mille voix, ce sera un succès, et pourtant ça ne te suffira pas pour être élue. C'est impossible ! Impossible !... » Lui prépare depuis des années son accession au Sénat, et je sais comment, il ne s'en cache même pas : en offrant des voyages aux quatre coins du monde, aux frais du Parlement, à tous les barons locaux en échange de cinq cents voix par voyage. Aux barons de trouver les petits cadeaux qui convaincront les électeurs de voter pour le seigneur... Et moi je n'offre rien, même pas un tee-shirt, même pas un sandwich, que des promesses, des paroles d'es-poir, des mots, toujours des mots. Si je n'avais pas de quoi nourrir mes enfants, est-ce que je n'irais pas, moi aussi, applaudir Ingrid Betancourt mais voter X ou Y en échange d'un petit boulot ou d'un repas gratuit pour toute la famille ? Certains soirs, je n'ai plus confiance en personne, je n'ai même plus confiance en moi.

Le grand jour arrive, et pour ne pas changer il pleut, un mauvais crachin... Dès l'ouverture du scrutin, nous partons avec Juan Carlos faire le tour des bureaux de vote de Bogota. Nous sommes accompagnés d'un photographe du *Tiempo*. C'est un dimanche, les rues sont vides, mornes et grises. Je suis très angoissée, et nos premières visites ne m'apportent aucun apaisement : les gens ne me saluent pas, pas un sourire, rien, ils ne semblent même pas me reconnaître. Je me dis « merde », si c'est comme ça dans tout le pays, c'est foutu... Je regarde de biais le photographe, il doit penser qu'il perd son temps. Matinée atroce, Juan Carlos lui aussi semble soucieux et comme d'habitude il ne cherche pas à maquiller la réalité. Allons-nous échouer au moment où la Colombie, exsangue, déconsidérée sur la scène internationale, a tant besoin de reconquérir une place ? Et qui d'autre que des gens comme nous pourrait lui donner cette ultime chance ?

À seize heures, les bureaux de vote ferment leurs portes et très vite la radio donne des estimations sur Bogota en fonction des premiers dépouillements. Nos pires pressentiments se confirment : je ne suis même pas nommée parmi les candidats dans la course... Juan Carlos et moi nous regardons, défaits, incapables d'échanger trois mots. Silencieusement, il met le cap sur la Registraduría, le bâtiment qui centralise les résultats pour l'ensemble du pays. Là au moins nous aurons, heure par heure, la représentation chiffrée de mon naufrage. À la radio, les bulletins d'information sont toujours aussi navrants. Nous entrons discrètement, des dizaines de journalistes se pressent dans la salle immense où ont été installés les terminaux. Ville par ville, bureau par bureau, les écrans délivrent les résultats. Nous stationnons devant les ascenseurs, à quelques mètres de la cohue : mon souhait est de m'enfermer dans une pièce plus calme, à l'étage. Mais soudain un journaliste m'aperçoit et un mouvement de foule s'opère dans notre direction. Photographes et cameramen se bousculent, on nous illumine, on me tend des micros.

— Que pensez-vous des premiers résultats ?

— Rien, je ne les connais pas. Je viens seulement d'écouter la radio et apparemment...

— Doctora, vous êtes en tête du scrutin, parmi les trois premiers...

— Comment ça, parmi les trois premiers ?

— À l'heure actuelle, vous réalisez l'un des meilleurs scores au niveau national. Quel est votre commentaire ?

Juan Carlos et moi échangeons un regard stupéfait.

— Attendez, dis-je, je ne suis pas au courant, j'arrive. Où sont les chiffres ? Laissez-moi le temps de m'informer.

Des journalistes s'écartent, d'autres me poussent, on m'entraîne vers l'écran où figure la liste des candidats totalisant pour l'instant le plus grand nombre de voix. Et là, je tombe en arrêt : je ne suis ni troisième ni deuxième, je suis carrément première ! Aucun doute, c'est bien mon nom en haut de l'écran… Une émotion invraisemblable me serre la gorge, j'ai envie d'embrasser Juan Carlos, envie que tous ceux qui se battent nuit et jour avec moi depuis des semaines nous rejoignent, envie de pleurer : on a donc gagné, la Colombie a gagné, silencieuse durant quatre ans, elle est en train de désavouer magistralement Ernesto Samper et ce Parlement qui l'a absous. Elle est en train de nous expliquer qu'elle croit en nous, en moi, qu'elle a confiance. J'essaie de reprendre mon souffle, de me rappeler surtout que c'est un match politique sans pitié qui se joue sous nos yeux et que je suis désormais chef de parti…

— Écoutez, dis-je, la voix légèrement altérée, il n'est que dix-sept heures trente, tout peut encore changer, attendons un peu pour faire parler les chiffres.

Quelque chose me dit que ces hommes qui ont tenté de m'assassiner ne vont pas me laisser l'emporter comme ça. Soudain, cette place de première me paraît trop infamante, trop injurieuse pour eux, pour le système qu'ils incarnent. Et une angoisse terrible éclipse mes premiers instants de bonheur. Ils contrôlent tout, ils tiennent la plupart des gens qui dépouillent, ils vont essayer de nous voler cette victoire, j'en ai la certitude.

Je promets aux journalistes d'être présente quand il le faudra et je rejoins Juan Carlos. Mon intention est maintenant de suivre le dépouillement ville par ville. Il suffit de cliquer et l'ordinateur délivre en temps réel le score cumulé de chaque candidat. Nous nous installons devant un écran.

Il est dix-huit heures, près d'une demi-heure s'écoule sans qu'aucun problème ne surgisse. Et, brusquement, les données en provenance de Cali s'interrompent. Partout ailleurs les chiffres bougent, mais ceux de Cali curieusement se figent.

— Juan Carlos, montons voir le Registrador. C'est anormal, j'ai peur d'une magouille. Comme par hasard, c'est le dépouillement de Cali qui s'enraye...

Le Registrador est dans son bureau, entouré d'une vingtaine de personnes.

— Qu'est-ce qui se passe? Cali ne transmet plus aucun résultat.

— Ah bon! Attendez... Oui, en effet.

— Je veux savoir pourquoi.

— Je les appelle tout de suite, doctora.

J'assiste à l'entretien. Il acquiesce, raccroche.

— C'est une panne de courant, n'ayez aucune inquiétude.

— Comment ça, une panne de courant?

— Les câbles auraient été arrachés, doctora. Il y aurait un vent considérable sur la région...

J'ai sur moi mon portable. Sans prendre la peine de répliquer, j'appelle les nôtres sur place.

— Eduardo, c'est Ingrid. Qu'est-ce qui se passe?

— Ils ont fermé la Registraduría, ils ne laissent plus entrer personne.

— C'est quoi cette histoire de panne d'électricité?

— Il n'y a aucune panne, les lumières fonctionnent parfaitement...

— Vous n'avez pas de tempête, pas de vent ?

— Pas un souffle, Ingrid, pourquoi me demandes-tu ça ?

Je raccroche, et cette fois j'explose :

— Écoutez, il n'y a ni vent ni coupure d'électricité à Cali. Il s'agit de toute évidence d'une mise en scène pour camoufler une fraude. Je vous préviens, j'étais en tête dans la région avant l'interruption, si mon score chute à la reprise j'alerte les journalistes.

Il rappelle, se démène. Je l'entends dire à ses interlocuteurs que je suis dans son bureau. Est-il complice ? Je n'en sais rien, mais je n'ai *a priori* aucune confiance en cet homme.

Quand les résultats reprennent vingt minutes plus tard, la tendance s'est complètement inversée : j'avais environ quinze mille voix sur la région de Cali au moment de l'interruption, de toute la soirée je ne vais pas en engranger une de plus tandis que les scores des autres candidats ne feront naturellement qu'augmenter.

Un mois plus tard, des employés de la Registraduría me rapporteront sous le sceau du secret qu'environ quarante mille voix m'ont été volées ce soir-là, avec la complicité de certains fonctionnaires, et que si je n'étais pas montée dans le bureau du Registrador, mon élection au Sénat aurait pu être compromise.

Elle ne l'a pas été, loin de là, puisque malgré la fraude je suis en tête des élus quand le dépouillement est déclaré clos. C'est une immense victoire. Au siège de notre campagne, je découvre une foule en délire. Le bâtiment est illuminé et on se bouscule jusqu'à loin dans la rue. À mon arrivée, ce sont des hurlements, des gens pleurent, beaucoup se jettent sur moi, m'embrassent, m'enlacent. On doit m'ouvrir un passage et je mets un temps infini à gagner l'intérieur parce que je veux moi aussi remercier ces femmes et ces hommes qui sans aucun doute se sont bagarrés pour nous et sont accourus de partout à l'annonce de notre victoire. Quand enfin j'entre dans le hall, des musiciens — que quelqu'un a fait venir ou qui se sont présentés spontanément, je ne sais pas — entonnent l'hymne national. Mes parents sont là ; maman se jette dans mes bras, en larmes. Plus tard, les musiciens enchaînent avec du folklore colombien, et papa, ému et raide, me tend son bras.

— Accorde-moi cette danse, ma chérie, ouvrons le bal ensemble.

Une fête populaire s'improvise, elle va se prolonger jusqu'au matin. Cette nuit-là, je retrouve beaucoup d'anciens amis du Lycée français perdus de vue depuis un quart de siècle, comme si ce peuple que j'aime profondément voulait me signifier que cette fois il me reconnaît comme digne de peser sur le destin du pays. Enfin, je parviens à joindre Fabrice en Nouvelle-Zélande, et lui aussi est ému.

— Passe-moi les enfants une seconde, j'aimerais tellement qu'ils soient ici à Bogota…

— Mais ils sont à l'école, Ingrid !

— Excuse-moi, je suis perdue, complètement dépassée par les événements.

— Je vais leur annoncer la nouvelle tout de suite, en classe. Ils attendaient ton appel.

Il y a huit ans, nous nous séparions à Los Angeles. Aujourd'hui, la plaie est cicatrisée, nous avons taillé notre route chacun de notre côté, et nous ne nous sommes pas perdus en chemin. Cela aussi est une victoire. Fabrice est le meilleur père qui soit et il est redevenu un compagnon précieux.

Le lendemain du scrutin, je suis à la une de toute la presse. Le succès d'Oxygène, et le mien en particulier, est la véritable surprise de ces élections. Inévitablement, je vais devenir un enjeu pour les candidats à la présidence de la République qui entrent alors en pleine campagne.

11

Deux candidats sont en mesure d'emporter la présidence :
l'un est Horacio Serpa, le fidèle complice d'Ernesto Samper,
pour le Parti libéral, l'autre est Andrés Pastrana pour le Parti
conservateur. Candidat malheureux contre Samper quatre ans
plus tôt, Andrés Pastrana avait fui la Colombie après avoir
rendu publique la fameuse cassette où l'on entendait les frères
Rodríguez faire l'éloge de Samper. À l'époque, les Colombiens
voulaient croire en l'intégrité de leur nouveau Président et ils
avaient banni Pastrana, l'homme par qui le scandale menaçait
de nouveau. Pastrana vient de rentrer à Bogota après un long
exil et beaucoup conviennent aujourd'hui que son seul tort est
d'avoir eu raison trop tôt. Beaucoup de Colombiens se reconnaissent une dette envers lui. Est-ce suffisant pour battre
Serpa ? Apparemment, non. Le système mafieux d'allégeance,

renforcé par Samper tout au long de son mandat, permet à son successeur désigné d'être donné favori dans les sondages…

C'est dire l'enjeu que représente Oxygène pour les deux candidats. Force incontournable sur l'échiquier politique, nous sommes en mesure d'arbitrer le duel et, vraisemblablement, d'assurer la victoire de l'un ou de l'autre en échange d'engagements qui nous tiennent à cœur.

Au lendemain de mon élection au Sénat, Andrés Pastrana m'appelle.

— Ingrid, voyons-nous tranquillement, je suis certain que nous pouvons travailler ensemble.

— Je ne sais pas. Nous risquons notre crédibilité en nous alliant à un parti traditionnel. Si nous le faisions, ce serait en contrepartie de changements radicaux dans la vie politique du pays et je ne suis pas certaine que tu sois prêt à conduire ces changements.

— Parlons-en. Je suis prêt à de profonds bouleversements. Nous sommes au moins d'accord sur une chose : la Colombie ne peut plus continuer comme ça.

Rendez-vous est pris pour une première rencontre informelle chez moi. Andrés Pastrana joue sur du velours. Il sait bien que jamais nous ne négocierons quoi que ce soit avec Horacio Serpa, incarnation de la corruption. Par ailleurs, des liens multiples nous unissent. Andrés Pastrana est un très vieil ami de Juan Carlos qui avait fait sa campagne en 1994. Le frère d'Andrés, Juan Carlos Pastrana, est lui un de mes meilleurs amis. Nous nous sommes connus à Paris, au début des années quatre-vingt, quand j'étais à Sciences-Po. Juan Carlos Pastrana, journaliste brillant, était alors en train de créer une fondation pour la démocratie en Colombie, avec des fonds allemands notamment. Enfin, le père d'Andrés et de Juan Carlos, Misael Pastrana, président de la République de 1970 à 1974, fut un intime de papa et, petite fille, je l'ai souvent croisé à la maison.

Le soir convenu, j'arrive en retard, et je découvre Andrés et Juan Carlos, confortablement installés au salon, en train de plaisanter.

— J'essayais de convaincre ton mari de te convaincre de me rejoindre, me lance joyeusement Pastrana.

— C'est faux, Ingrid ! bondit Juan Carlos. Je n'intercède pour personne. D'ailleurs, je vous laisse, je ne peux rien pour toi, Andrés.

Et Juan Carlos s'éclipse.

— Ingrid, il faut arrêter Serpa, me dit alors gravement Pastrana. Tu as acquis un poids considérable dans l'opinion publique, j'ai besoin de toi.

— J'en suis bien consciente, mais beaucoup de choses nous séparent, tu sais, et en particulier cette pratique infernale d'acheter des voix. Les gens de ton parti le font et jamais nous n'accepterons ça. C'est un préalable à toute discussion.

— Ingrid, je me bats pour que ça cesse. Je suis le premier à avoir pâti de ces magouilles : je te rappelle qu'en 1994 je l'aurais emporté contre Samper s'il n'avait pas acheté la moitié de l'électorat avec l'argent des Rodríguez. S'il y a une victime de ce système, c'est bien moi. Maintenant c'est vrai, certains dans mon propre parti sont corrompus jusqu'à la moelle, mais si j'agis trop brusquement ils vont rejoindre Serpa et je n'aurai plus aucune chance de gagner. Fais-moi confiance, si je veux être président de la République, c'est notamment pour en finir avec le clientélisme, et j'ai besoin de toi.

— Laisse-moi réfléchir. Quoi qu'il en soit, je ne suis pas seule. Nous allons nous réunir et je te recontacterai.

Andrés Pastrana repart, manifestement optimiste. Il m'a servi un discours convaincant, s'est montré très ouvert et a joué la simplicité jusque dans la forme : alors qu'il est en pleine campagne électorale, il est venu sans garde du corps, en tenue décontractée façon Oxygène, et m'a consacré un long moment, lui dont le temps est devenu si précieux. Le message est clair.

Dans les jours suivants, une discussion intense s'engage dans les rangs d'Oxygène. Supposons que Pastrana soit élu Président, que souhaiterions-nous qu'il fasse dans les cent premiers jours pour que les choses changent radicalement ? À cette question, de discussions en débats, nous finissons par répondre en dix points. Dix réformes à promulguer d'urgence pour établir une véritable démocratie en Colombie : réformes électorales, réformes constitutionnelles pour assurer l'indépendance des institutions, et notamment de la justice... Et comme nous savons que le Parlement est profondément gangrené, nous exigeons que cette plate-forme soit adoptée par référendum, certains que le peuple, à l'inverse des parlementaires, y adhérera comme un seul homme.

Impatient, Pastrana m'a laissé jusqu'à son numéro de portable. Aussitôt notre texte adopté, je l'appelle.

— Ah, Ingrid ! Alors ?

— Nous avons une proposition à te faire. Quand peux-tu passer ?

— Ce soir.

— D'accord, à sept heures chez moi.

Je lui présente notre plate-forme, et lui immédiatement, sans sourciller :

— Je suis totalement d'accord. Ces réformes, je comptais de toute façon les faire.

— Attends, Andrés, je ne te demande pas un vague consentement, nous exigeons que ces dix points soient adoptés par référendum dans les trois premiers mois de ton mandat.

— J'ai parfaitement compris, et je te répète que je suis

d'accord. D'ailleurs, pour que les choses soient tout à fait claires, je te propose que nous signions ensemble un pacte public dont les Colombiens, et mes électeurs en particulier, seront les témoins.

Quelques jours plus tard, Andrés Pastrana m'envoie deux de ses plus proches collaborateurs, dont son futur ministre des Affaires étrangères, Guillermo Fernández de Soto, pour finaliser le texte de notre pacte. Les dix mesures, est-il prévu, seront présentées au Parlement dans les trente jours suivant la prise de fonction de Pastrana. Si le Parlement les rejette, le chef de l'État s'engage à les soumettre au pays par référendum dans les cent jours.

Le 6 mai 1998, devant un parterre impressionnant de journalistes, sous l'œil des caméras de télévision, Andrés Pastrana et moi signons ce pacte.

Le lendemain, je me lance corps et âme dans la bataille pour la victoire d'Andrés Pastrana. Il n'est que temps : nous sommes à un mois du premier tour des élections présidentielles et Horacio Serpa caracole en tête...

Pastrana m'embarque avec lui et c'est désormais ensemble que nous ouvrons ses grands meetings électoraux. Je découvre l'incroyable folie d'une campagne présidentielle, la fièvre, la course après le temps, les ballets aériens incessants, les réunions d'état-major au milieu de la nuit... Je découvre surtout l'espoir que ma seule présence soulève dans le peuple. Certes, les gens font une ovation à Pastrana, mais quand ils scandent mon nom c'est autre chose, cela tourne au délire habituellement réservé aux salles de concert, délire joyeux de la génération montante fatiguée des discours grandiloquents et que ma sincérité, mon espérance, ma candeur têtue enflamment visiblement. J'en tire une certaine fierté, oui, forcément, mais j'acquiers surtout la certitude que cette Colombie-là balaiera demain celle qui a vendu son âme aux narcos.

Dans l'entourage du candidat, mon succès agace. On finit par m'écarter et Pastrana conduit seul les dernières rencontres.

Le dimanche 7 juin, Horacio Serpa arrive en tête du premier tour, mais avec seulement trente mille voix de plus que Pastrana (3 560 000 contre 3 530 000). La troisième candidate, Noemí Sanín, une femme voulant jouer entre les deux partis traditionnels avec un discours faussement rénovateur, fait pourtant un score étonnant. Elle recueille 2 800 000 voix, ouvrant de ce fait la voie aux indépendants pour les futures présidentielles. Financée par les grands groupes économiques, Noemí Sanín est une sorte de cheval de Troie engendrée par la classe dirigeante pour se maintenir au pouvoir sous un aspect plus présentable. Sentant le vent tourner et l'effritement des partis traditionnels, Noemí est le visage séduisant que ce système pourri essaie désormais de vendre aux Colombiens. Elle devra assurer le maintien du statu quo et garantir les privilèges de ceux qui la soutiennent. Bien que n'ayant jamais été élue à quoi que ce soit, elle briguera à nouveau la présidence de la République en 2002.

Il nous reste alors quinze jours pour combler notre retard. Pastrana et moi décidons de mener campagne chacun de notre côté pour décupler les forces et réussir à couvrir tout le pays. Pour moi c'est enthousiasmant, inlassablement j'assène les termes de notre pacte électoral et chaque soir les foules sont au rendez-vous. Mais Pastrana s'effondre dans les sondages. Et plus les chiffres le donnent battu, plus son discours se lénifie. Pétrifié, il perd toute audace et donne le sentiment, électoralement catastrophique, de ne plus chercher qu'à être d'accord avec le plus grand nombre.

Un matin, alors que je suis en route pour l'aéroport, je n'y tiens plus et je l'appelle.

— Andrés, nous allons perdre les élections, et je vais te dire pourquoi. Tu ne parles plus de ce qui fait notre force : la lutte contre la corruption. Tu donnes l'impression de ne plus croire en rien, et même plus en toi. Tu sais ce qu'on retient de tes discours ? Que tu as peur de perdre, tellement peur qu'en fait de programme tu demandes la charité. Mais les électeurs n'ont aucun cadeau à te faire, ils n'ont surtout pas envie d'un président tiède. Nous sortons de quatre années de crime organisé à la tête de l'État, Andrés, si tu ne convaincs pas les gens que tu as la force et le courage de remettre le pays dans le droit chemin, ils vont te préférer Serpa, définitivement. Au moins ils savent à qui ils ont affaire et Serpa flatte avec habileté leur xénophobie anti-gringos, leur chauvinisme. C'est tout ce qui leur reste...

Pastrana acquiesce, il est très inquiet, extrêmement tendu. Il m'assure qu'il va changer. Va-t-il trouver en lui-même la force de repartir au combat ? Il lui reste moins de dix jours pour reconquérir cette part flottante de l'électorat qui fera la décision.

Oui, deux jours plus tard, c'est un autre homme qui apparaît à la télévision.

Offensif, agressif au risque de déplaire, Andrés Pastrana affirme que, pour l'heure, son programme se résume à une lutte implacable contre la corruption, « car rien de sérieux ne pourra être entrepris dans ce pays tant qu'on n'en aura pas fini avec le clientélisme ». Juan Carlos a fait imprimer les dix points de notre pacte sous la jaquette symbolique d'un passeport et nous avons largement diffusé ce document à travers tout le pays. Soudain, Pastrana le brandit devant les caméras.

— Voici notre passeport anticorruption, s'écrie-t-il. Voici

le programme qui va nous permettre de rendre à la Colombie la place qu'elle mérite dans le concert des nations. Je m'engage à vous le soumettre par référendum...

La campagne aussi change brutalement de ton. On ne parle plus que de croisades contre la corruption, d'appels à la transparence et, en comparaison, les rodomontades nationalistes de Serpa semblent d'un autre temps, légèrement grotesques et même carrément risibles pour la jeune génération, celle des moins de quarante ans qui se reconnaît dans mes propos.

Le 21 juin 1998, Andrés Pastrana est élu président de la République avec seulement 450 000 voix d'avance sur Horacio Serpa. Une photo immortalise cette victoire : elle nous représente, lui et moi enlacés, saluant la foule. Pastrana porte le costume qui sied à l'hôte du palais Nariño, moi je suis affublée d'un tee-shirt et d'un jean mais notre hilarité, également partagée, traduit bien l'enthousiasme, l'espoir qui saisit alors le pays, toutes classes confondues. D'ailleurs, alors que depuis des mois les sondages d'opinion déclinaient tristement le désenchantement des Colombiens, pour la première fois 86 % d'entre eux se déclarent optimistes. En dépit d'une situation économique catastrophique, l'espoir vient de renaître. Les gens ont confiance en Pastrana, ils croient, disent-ils, qu'il tiendra ses promesses. Ils sont prêts à le suivre.

J'ai clairement conscience alors d'être la garante de ces promesses. Pastrana l'a emporté parce que j'ai cautionné son programme, à moi donc d'obtenir qu'il tienne ses engagements à la lettre. La Colombie ne supportera pas d'être une fois de plus trompée. Or le risque est immense car, aussitôt élu, Andrés Pastrana se retrouve au confluent de deux courants contraires : d'un côté le silencieux espoir du peuple, de l'autre la rouerie de la classe politique traditionnelle qui entend bien l'empêcher de réformer quoi que ce soit. Nous l'avions prévu à Oxygène.

et c'est bien pourquoi nous avions imposé à Pastrana de recourir au référendum si le Parlement, vivier de la corruption, rejetait le premier train de mesures.

Où serai-je la plus efficace ? Participant au gouvernement, comme le souhaite Pastrana qui me propose évidemment un portefeuille ministériel pour Oxygène, ou libre de mes propos, sans participation ? J'ai la conviction qu'accepter un ministère pour Oxygène serait plus ou moins nous condamner à nous taire sous prétexte de loyauté, et j'opte donc pour un refus global des honneurs.

Le Président doit nommer très vite une commission chargée d'élaborer le texte de la loi de réforme qui sera soumise au Parlement et, le cas échéant, aux Colombiens. J'accepte avec empressement d'y siéger, au côté d'universitaires et de juristes réputés. J'y retrouve mon avocat, Hugo Escobar Sierra, et Humberto de la Calle, l'homme qui, quatre années plus tôt, m'a soutenue lorsque je défendais le code d'éthique du Parti libéral.

La commission est déjà en plein travail quand Andrés Pastrana constitue son gouvernement. Très curieusement, il nomme au ministère de l'Intérieur — portefeuille prépondérant dans un pays où la fonction de Premier ministre n'existe pas — un sampériste de vieille souche, Nestor Humberto Martínez. Ministre de la Justice d'Ernesto Samper, Humberto Martínez est cet homme qui avait mollement combattu le « narcomico » avant de démissionner en échange d'un poste d'ambassadeur en France. Son brusque retour en grâce pour servir cette fois Pastrana au plus haut niveau est de très mauvais augure. Martínez est à mes yeux un homme sans conviction, capable d'avaler les pires couleuvres pour faire carrière. Sa nomination m'inquiète d'autant plus que la loi de réforme dont nous terminons la rédaction va lui être soumise et qu'il aura à la défendre devant le Parlement en tant que ministre de l'Intérieur… Est-ce un piège que nous tend Pastrana ? Est-ce le début d'une trahison que je redoute secrètement depuis le premier jour ?

J'appelle le Président.

— Je ne comprends pas pourquoi tu as nommé ce type. La réforme qui doit fonder ton mandat va se retrouver entre ses mains, or tu sais parfaitement qu'il n'a ni pensée ni courage…

— Ingrid, fais-moi confiance. Il me fallait un homme capable de me rallier les parlementaires de tous bords, Humberto Martínez a ce profil, il sait y faire, il est aussi proche des libéraux que des conservateurs. Pour ce qui est de la réforme, ne te fais aucun souci, c'est moi qui la piloterai, directement.

Je ne suis qu'à moitié rassurée, et les événements ne contribuent pas à m'apaiser. Très vite, en effet, Humberto Martínez trahit sourdement la commission de réforme dont il est membre de droit. Alors que le recours au référendum a le soutien de la commission, le ministre laisse entendre aux journalistes que le référendum est improbable. C'est de toute évidence une main discrètement tendue aux parlementaires qui la saisissent. Ils comprennent que Martínez est bel et bien là pour saboter la réforme et qu'il faut soutenir cet homme, providentiel pour la survie du clientélisme.

La commission, elle, ne comprend pas. Soucieuse de parvenir à un accord avec le ministre, elle prolonge inlassablement ses travaux. Du coup, les délais prévus ne sont pas respectés, septembre arrive et la loi de réforme n'a toujours pas été présentée au Parlement… Pastrana sent bien qu'à trop tarder, il épuise son crédit de confiance. Le 8 septembre, il intervient donc à la télévision pour marteler son engagement contre la corruption et renouveler sa promesse de consulter le peuple par référendum si le Parlement rejetait la réforme.

On devine qu'il n'a déjà plus les moyens de ses ambitions et les premiers signes d'incrédulité, de désenchantement, se manifestent sous la plume des caricaturistes, plaisanteries grinçantes amèrement commentées à tous les coins de rue.

Il y a de quoi douter en effet. Dans les jours qui suivent l'allocution présidentielle, le ministre de l'Intérieur s'emploie à lever une fronde au Parlement contre le référendum. Il est inadmissible, dit-il, de mettre les parlementaires devant le choix du tout ou rien (accepter la réforme ou la rejeter), ils doivent pouvoir modifier le texte, le récrire… C'est réduire à néant le pacte que j'ai signé avec Pastrana, c'est saborder dans l'œuf la réforme anticorruption.

Une nouvelle fois, j'alerte le Président.

— Andrés, ce qui se joue au Parlement est très grave. Nestor Humberto Martínez manipule tout le monde, nous trompe tous. La commission est au bord de l'implosion. Si tu n'interviens pas rapidement, j'ai peur que la réforme soit condamnée, et avec elle ton engagement envers les Colombiens.

Il m'écoute et propose une réunion en petit comité avec trois représentants seulement de la commission de réforme : Humberto de la Calle pour le Parti libéral, Hugo Escobar Sierra pour les conservateurs, et moi pour Oxygène. Rendez-vous est pris à l'hôtel Casa Medina, le 19 septembre.

Je m'attends à une réunion de crise autour d'un Président affaibli, certes, mais à la volonté intacte et soucieux de reprendre en main la situation. Nous nous connaissons bien tous les quatre, nous irons donc à l'essentiel, sévèrement, mais en confiance. C'est du moins ce que j'imagine. Or, d'emblée, le rapport de force est en ma défaveur : Pastrana ne se présente pas seul, comme il me l'avait laissé entendre, mais flanqué de quatre ministres, de son chef de cabinet et de son secrétaire particulier. À la seconde, je soupçonne un piège. Et j'ai malheureusement raison.

— Je souhaite, commence-t-il, que la réforme envisagée soit le fruit d'un consensus entre tous les partis, qu'elle soit approuvée par le Parlement. Il n'y aura pas de référendum.

Je saisis aussitôt pourquoi il ne nous a fait venir qu'à trois ; devant la commission au complet de tels propos auraient déclenché un tollé.

— Monsieur le Président, dis-je, abandonnant le tutoiement, vous êtes en train de nier l'accord que nous avons passé ensemble. Il n'a jamais été question d'un consensus entre les partis qui ne peut aboutir qu'à l'immobilisme, mais bien d'une consultation populaire. Vous nous annoncez aujourd'hui que vous renoncez au référendum…

À ces mots, je le vois s'empourprer. Il ne me laisse pas finir, se dresse comme un ressort et, debout, me fusillant du regard, il abat violemment son poing sur la table.

— Je ne vous permets pas de me parler sur ce ton ! Sachez que je n'ai jamais envisagé de conduire cette réforme contre les partis traditionnels, et d'ailleurs, je me suis engagé à faire une réforme politique, jamais je n'ai promis d'embarquer le pays dans un référendum.

C'est une scène terrible, inouïe. Le président de la République en personne vocifère, hors de lui, brutal, le front écarlate, les veines du cou saillantes. Son entourage semble l'encourager à me tenir ces propos et moi, dans l'instant, je comprends le film. Cet homme a peur de m'affronter, sinon il ne serait pas venu avec cette garde rapprochée. Il sait parfaitement qu'il est en train de trahir sa parole et c'est pourquoi il est en colère. Colère contre lui-même, bien sûr, mais colère aussi contre moi qui depuis un mois le harcèle, par journaux interposés. Pas un jour sans que la presse n'évoque mon acharnement à faire aboutir ce que les chroniqueurs n'appellent plus que «le référendum d'Ingrid». Qu'on songe à ce que représente ce matraquage pour un homme plein de lui-même! Une semaine avant cette réunion, *Semana* a consacré un énième article à «la réforme d'Ingrid», présentant cette fois Pastrana comme un type un peu naïf qui se laisserait mener par le bout du nez... Rien de plus efficace pour le pousser à faire marche arrière...

Or vaniteux, Andrés Pastrana l'est, il supporte mal ma franchise, mon parler dénué de tout protocole. D'autant plus qu'il nourrit depuis l'adolescence un sourd et secret complexe. Mauvais élève, médiocre étudiant, Andrés est loin d'avoir le bagage intellectuel et culturel de son brillant frère aîné. Si lui aussi est devenu journaliste, c'est grâce à son père, propriétaire d'un espace d'information télévisée dont il présenta longtemps le journal avant de décrocher, sans trop de mal, devenu une star du petit écran, la mairie de Bogota.

J'ai cela à l'esprit durant cet extravagant coup de gueule qui ne fait malheureusement que confirmer le peu d'envergure d'un homme appelé à décider du destin de la Colombie jusqu'en 2002! Et pour la seconde fois j'ai le sentiment atroce d'avoir été trompée, comme si l'Histoire se répétait. En 1994, j'avais voulu croire en Samper, en son discours social, et malgré mes réticences profondes je l'avais préféré à Pastrana dont je connaissais les limites. Cette fois, j'ai soutenu Pastrana contre Serpa, sans enthousiasme, mais forte d'un pacte paraphé sous le regard des Colombiens. Ces mêmes Colombiens qui prétendent qu'on n'a jamais le choix chez nous qu'entre la peste et le choléra. Comment leur donner tort? Impuissant à tenir ses engagements, Pastrana s'en affranchit donc sous nos yeux, ce 19 septembre 1998, me bravant comme un enfant piteux, en trépignant de rage…

« On dit que c'est elle qui me mène en bateau, semble-t-il dire à ses ministres, eh bien voyez qui commande ! » J'ai la conviction qu'il a besoin de cette scène pour soigner ses blessures d'amour-propre.

Mais le pire reste à venir. Quand nous nous séparons, un moment plus tard, fort de son jeu et voulant se montrer magnanime, Pastrana me prend à part et, tout en m'embrassant :

— Ne t'inquiète pas, Ingrid, tout va s'arranger. Tu vas voir, cette réforme, on va la faire…

Ce soir-là, je rentre chez moi démolie et, à peine la porte refermée, j'éclate en sanglots. Je pleure de rage, sans pouvoir m'arrêter, comme jamais je n'ai pleuré. J'ai le sentiment d'avoir été trahie, utilisée, malmenée, et je repense aux étudiants de Medellin, rencontrés pendant la campagne, qui me disaient : « Tu vas te faire avoir, Ingrid. Ce type a besoin de toi, mais il est aussi corrompu que les autres. » Et moi, je défendais Pastrana, sous prétexte qu'il avait été victime, lui aussi, de la corruption, voulant croire qu'à travers lui nous avions une sortie.

De cette trahison, l'une des plus douloureuses de ma vie politique, va naître la conviction qu'il me faudra un jour briguer à mon tour les plus hautes fonctions de l'État si nous voulons sauver la Colombie de cette corruption qui la tue. La conviction aussi qu'aucun compromis ne tient dès lors qu'il est conclu avec des représentants de la classe politique traditionnelle.

Dès le lendemain, Andrés Pastrana officialise son revirement en annonçant dans la presse qu'il va très prochainement recevoir tous les dirigeants politiques pour poser les jalons d'une « réforme consensuelle ». Il n'est plus question de référendum et la commission de réforme se trouve reléguée au rang d'un cénacle d'experts chargés d'alimenter la réflexion des élus... C'est bel et bien le retour sur le devant de la scène de la vieille garde corrompue, et pour ceux qui en douteraient encore le nom du premier homme attendu au Palais présidentiel agit comme une douche froide : Horacio Serpa ! Après avoir tant promis, tant laissé espérer, Pastrana ouvre donc sa porte au diable. Qu'espère-t-il, en annonçant qu'il me recevra le même jour ? Donner le change aux Colombiens ? Obtenir une caution pour une réforme dont il n'y a évidemment plus rien à attendre ?

Le rendez-vous est fixé au 25 septembre. Choqué par la façon dont Pastrana m'a humiliée à l'hôtel Casa Medina, tout l'état-major d'Oxygène a décidé cette fois de m'accompagner. Notre arrivée au palais Nariño fait sensation, d'autant plus que Horacio Serpa et Noemí Sanín sont alors dans le bureau du Président. Andrés Pastrana refuse de nous recevoir, et nous nous retrouvons donc confinés dans le bureau de son secrétaire, Juan Hernández.

— Très bien, dis-je, tu lui diras bonjour de notre part, on s'en va.

— Non, non, attendez, ne partez pas comme ça, je le préviens...

— Il n'y a rien à attendre. La réforme, Pastrana l'a signée avec moi, mais aujourd'hui il préfère traiter avec son ennemi d'hier...

Hernández pressent le scandale ; des dizaines de journalistes se pressent devant les portes du Palais présidentiel...

Pastrana comprend. Il fait demander qu'on l'attende quelques minutes.

Enfin, il apparaît, souriant, avenant.

— Ingrid ! Entre une seconde, il faut qu'on parle.

Nous nous retrouvons en tête à tête, ce sera mon dernier entretien privé avec lui.

— Ce que tu fais est profondément triste, Andrés. Tu étais parvenu à rendre l'espoir aux Colombiens, tu es en train de les perdre, et de te perdre. Jamais tu n'obtiendras du Parlement la réforme dont nous rêvions. Tu fais le plus mauvais des paris : tu trahis ceux qui t'ont soutenu pour t'associer avec ton pire ennemi.

— Non, Ingrid. Essaie de me comprendre, je veux réconcilier le pays.

— Ce n'est pas ce que les Colombiens t'ont demandé. Tu n'es pas là pour chercher un consensus avec des bandits, au contraire, tu as été élu pour couper définitivement les ponts avec cette classe politique complètement pourrie. Nous ne sommes pas dans une démocratie à l'européenne où tous les élus se valent plus ou moins, nous sommes en Colombie...

La rupture est consommée. Pourtant, en me raccompagnant, Pastrana ajoute encore :

— Ingrid, je ne te demande qu'une chose : en sortant d'ici, ne dis pas que tu as rompu avec moi.

— Et que veux-tu que je dise? Que nous continuons ensemble? Non, je vais dire que tu pars de ton côté, mais que moi je continue à défendre le référendum.

— Ne m'en veux pas.

— Je ne t'en veux pas pour moi, Andrés. Mais je t'en veux pour le pays, oui, beaucoup. Tu n'as pas senti quel moment historique nous vivions.

Je le quitte, sachant que je ne reviendrai plus. Triste, certes, mais convaincue qu'il faut parler fort.

Dehors, les journalistes patientent. C'est une bousculade sans nom.

— Nous venons, dis-je, de rompre l'accord électoral qui

nous unissait au Président. La réforme que nous voulions est jetée en pâture aux politiciens les plus véreux. Serpa et Noemí entrent par une porte, nous sortons par l'autre...

Dix-huit mois plus tard, en mars 2000, Andrés Pastrana, à son tour embourbé dans de sombres affaires de corruption, crée la surprise en annonçant qu'il va finalement tenir ses promesses et engager par référendum la grande réforme politique qui prévoit la dissolution du Parlement et une refonte du mode de scrutin. Il est alors au plus bas dans les sondages — 20 % d'opinions favorables environ — et cette seule annonce le fait grimper de vingt points !

Bien sûr, au nom d'Oxygène, je lui apporte mon soutien et répète partout que cette initiative est un acte de courage. Mais libéraux et conservateurs passent aussitôt à l'offensive, et deux mois plus tard, incapable de tenir son cap dans cette tempête, Andrés Pastrana revient une nouvelle fois sur ses engagements : nous ferons le référendum, dit-il, mais sans dissoudre le Parlement. C'est avouer que la corruption l'a emporté. Les Colombiens l'ont bien compris, qui ne sont plus aujourd'hui que 15 % à se dire encore confiants en ce Président dramatiquement versatile.

Pour nous, le combat pour le référendum continue, mais au fil des mois il devient de plus en plus évident que cette réforme vainement espérée sera un des enjeux majeurs de la prochaine élection présidentielle, en 2002. Alors, quatre années auront été perdues pour la Colombie.

Ce n'est malheureusement pas la première fois qu'Andrés Pastrana a recours à des annonces solennelles qui ne débouchent sur rien. À l'instar de la plupart de ses prédécesseurs, il a aussi utilisé la question dramatique de la guérilla. En Colombie, nos leaders font du thème de la paix une sorte d'étendard qu'ils brandissent dès qu'ils sont en difficulté.

Comme il l'avait promis au cours de sa campagne, le Président a engagé des pourparlers avec les Farc (Forces armées révolutionnaires de Colombie), la principale guérilla du pays avec près de dix mille hommes en armes. À son actif, il a ainsi donné aux Colombiens le sentiment qu'on pouvait dialoguer avec les chefs de guerre, qu'ils n'étaient pas des monstres aveugles mais des hommes doués d'une pensée et animés d'idéaux. Second point positif : en menant ouvertement ces négociations, sous l'œil des caméras, le Président a sensibilisé l'opinion internationale au conflit colombien.

Mais à ce stade déjà apparaît la fragilité de la « méthode Pastrana ». Ancien journaliste de télévision, le Président semble toujours accorder plus d'importance aux « coups médiatiques » qu'à la réflexion de fond.

On l'a vu d'emblée lorsque, dans l'euphorie de son élection, et soucieux de faire un geste « historique » en faveur de la paix, il a cédé aux Farc quarante-deux mille kilomètres carrés de territoire national. Contre quels engagements de la guérilla ? Aucun. Cet abandon de souveraineté s'est fait dans le flou le plus total, au risque de donner au pays le sentiment que l'État était prêt à s'affaiblir pour s'attacher les bonnes grâces des chefs de guerre.

Les commandants des différentes guérillas gardent la tête froide, eux. Je le sais pour m'être entretenue longuement avec eux. Ils sont parfaitement conscients que les dirigeants colombiens utilisent les négociations à des fins électorales et que leur volonté de paix ne repose sur aucune vision à long terme. Dès lors, eux aussi feignent de vouloir la paix, ils ont tout à y gagner, mais dans le même temps ils préparent la guerre, ou la poursuivent. À titre d'exemple, durant le printemps 2000, les Farc tenteront de faire entrer clandestinement dix mille armes dans la zone qu'elles contrôlent !... Ce scandale dévoilera l'existence d'une filière péruvienne et sera à l'origine de la chute de Fujimori, l'ex président du Pérou.

Ainsi, tout se passe comme si dirigeants politiques et guérilleros s'épaulaient mutuellement pour entretenir un état de guerre qui ruine le pays mais leur permet de durer et de s'enrichir. Les chefs de la guérilla n'aiment pas s'entendre dire que le combat qu'ils mènent au nom du peuple renforce paradoxalement cette classe politique qui fait le malheur du peuple, et le système de corruption sur lequel elle prospère. Je le leur ai dit cependant, ils savent ce que je pense, et cela me permet d'entretenir avec eux des rapports distants mais francs, sans ambiguïté.

J'ai acquis la conviction que la première condition pour engager de véritables pourparlers de paix est que chacun dise clairement d'où il parle, quel est son point de départ. Pour l'instant, les négociations n'ont aucune chance de succès. Elles ont été faussées depuis le début. Leur objectif n'est pas d'aboutir, mais de faire gagner du temps aux parties en présence, chacun des adversaires étant convaincu qu'il réussira à s'imposer militairement, et à assurer par ce biais sa victoire définitive. Tout le monde ment. Et tout le monde fait semblant d'y croire.

En fait, le seul à véritablement tenir à une paix négociée, c'est le petit peuple. C'est lui qui enterre les siens tous les jours. Pour avoir une chance d'y arriver, il faut donc rechercher une diminution réelle de l'intensité du conflit. Trente mille morts par an, c'est trop. Et pour cela, il ne suffit pas de s'asseoir à une table de négociation en criant à tous les vents que l'on veut la paix.

Il faut encore savoir de quelle paix on parle, quelle paix on

veut s'offrir. Et cette paix ne peut pas être celle d'un État age-
nouillé, affaibli, corrompu, débile. Et en plus arbitraire. Qui
s'accommode trop facilement des victoires paramilitaires, car
elles lui sont utiles, parce qu'elles freinent l'avancée de la sub-
version, même si cela se fait au prix de tueries sauvages tous
les dix jours.

Elle ne peut pas non plus être recherchée, cette paix, sans
que l'on parle lucidement, franchement, du commerce de la
drogue, et des liens trop étroits entre narcotrafiquants et guérilleros. Et encore, des liens que l'on prétend ignorer entre narcotrafiquants et paramilitaires. En d'autres termes, l'État
colombien ne peut prétendre négocier la tête haute avec la guérilla tant qu'il n'aura pas pris ses distances avec les milices d'autodéfense colombienne d'extrême droite, les Auc (Autodéfense
unie de Colombie) créées à la fin des années quatre-vingt pour
combattre sur le terrain la guérilla. Tant que les Auc apparaî-
tront comme le bras clandestin armé du gouvernement, celui-
ci n'aura ni légitimité ni crédibilité pour discuter avec la guérilla du rétablissement des droits de l'homme et de la
démocratie.

De même, les guérillas ne pourront se prévaloir d'idéaux
sociaux tant qu'elles maintiendront une quelconque relation
avec le narcotrafic. Un engagement sur ce point est une condition sine qua non de tout processus de paix.

Quand je suis rentrée en Colombie, au début des années quatre-vingt-dix, Luis Carlos Galán, l'homme qui incarna l'espoir, venait d'être assassiné. Le pays, éprouvé par des décennies de violence et de corruption, était une nouvelle fois à feu et à sang, terrorisé par les attentats quotidiens des narcotrafiquants — la tristement célèbre «guerre des bombes». Candidat à la présidence de la République, Galán assurait que notre salut avait un nom : l'éthique. La corruption, répétait-il, était à l'origine du grand malheur des Colombiens. Je savais qu'il avait raison, mais je n'avais pas trente ans et aucune expérience du pouvoir. Aujourd'hui, j'ai repris le combat, au nom de tous ceux qui sont morts sans avoir vu les premiers rayons de l'aube. Car l'aube est là, bien là, pour nous Colombiens.

Nous avons parcouru la moitié du chemin. Quand j'entends papa me dire : «Tu sais, maintenant, je ne suis plus le ministre

Betancourt, je suis le père d'Ingrid !», j'entends sa fierté. Elle fait écho à celle d'une nation qui veut croire en moi, qui reprend confiance petit à petit, après un siècle de mensonges et de trahisons.

Je ne décevrai pas cette confiance.

La Colombie n'a jamais eu que des petits chefs de factions à sa tête. Nos vrais leaders ont tous été assassinés. Ces hommes médiocres se sont fait élire pour faire fortune avant de s'en aller profiter de la vie sous d'autres cieux. Où habite Ernesto Samper aujourd'hui ? Dans la banlieue chic de Madrid. Ils n'ont jamais cru en mon pays, et ils ont un profond mépris pour notre peuple.

Je suis le contraire d'eux. J'aime la Colombie, au point d'avoir fait les choix les plus douloureux pour avoir le droit d'y vivre. J'aime ce peuple parce que je sais qu'ayant été victime depuis plus de cent ans de la plus cruelle violence, il cache des trésors de courage et de passion. Sa folie collective est un appel au secours que le monde refuse d'entendre.

Sa violence est le cri de tous ceux qui n'en peuvent plus de cet État-bandit, de cet État de non-droit. Elle est aussi notre honte. Les guérillas, les paramilitaires, les narcos, les bandes de délinquants qui mettent notre pays à feu et à sang sont plus barbares encore que cet État indigne qu'ils prétendent défier.

Malgré cela, dans notre immense majorité, nous avons refusé de signer un pacte avec le diable. Condamnés à l'enfer au quotidien, nous n'avons pas perdu l'espoir. Nous, Colombiens, rêvons de paix, d'harmonie, de justice, et nous apprenons à nos enfants à vivre dans l'ingénuité pour ne pas perdre ce qui nous reste de paradis.

Avec de tels trésors, il ne sera pas difficile de construire la Colombie dont je rêve, dont nous sommes nombreux à rêver. En dix ans, j'ai beaucoup appris, aujourd'hui je me sens assez forte pour mener à bien ce chantier. Imaginez quel pays nous serions si nous investissions, dans le travail, dans la production, dans la création, dans le plaisir, dans la famille, l'énergie invraisemblable que nous consacrons à la mort... Il n'existe aucune organisation de solidarité entre les Colombiens, aucun réseau digne de ce nom. Nous vivons isolés, vulnérables, nous défiant les uns des autres. Notre tissu social est profondément atteint. Les seuls systèmes structurés, et remarquablement performants, sont ceux de la drogue, de la corruption, de ce qu'on appelle «le crime organisé». Il faut inverser les forces, il faut que ce qui est noir devienne blanc.

Je veux le faire.

Si ce que j'ai entrepris depuis dix ans n'avait aucun écho, je ne m'autoriserais pas à formuler un tel engagement. Mais à deux reprises, j'ai été élue avec des scores remarquables et je sens aujourd'hui que je suis en mesure d'enrayer la corruption. Je constate aussi que ces mêmes politiciens qui me haïssent font appel à moi pour accompagner leurs initiatives, parce qu'ils savent que je suis crédible, que je ne suis pas achetable comme eux le sont. D'une certaine façon, je les oblige à penser qu'ils pourraient être différents. Je les oblige à imaginer la Colombie de demain.

Parvenue à ce stade, va-t-on me tuer moi aussi? Ma relation avec la mort est du même ordre que celle que peut entretenir avec elle le funambule : nous faisons l'un et l'autre une activité dangereuse, nous en évaluons les risques, mais notre amour de la perfection l'emporte invariablement sur la peur. J'aime passionnément vivre, je n'ai pas envie de mourir. Tout ce que je construis en Colombie, c'est aussi pour avoir le bonheur d'y vieillir. Pour avoir le droit d'y vivre, sans craindre le malheur pour tous ceux que j'aime.

Cet ouvrage a été composé
par l'Imprimerie Bussière
et imprimé sur presse Cameron
par Bussière Camedan Imprimeries
à Saint-Amand-Montrond (Cher)
en février 2001

Dépôt légal : février 2001.
N° d'édition : 24.
ISBN 2-84563-013-1.
N° d'impression : 2422-004761/4.

Imprimé en France